••• Títulos relacionados

HOTA0208
GESTIÓN DE PISOS Y LIMPIEZA EN ALOJAMIENTOS
[CERTIFICADO COMPLETO]

Solicítalos en:
- Librería
- www.paraninfo.es
- Solicitudes nacionales +34 914 463 350
- Solicitudes fuera de España +34 913 308 907, +34 913 308 919

Organización del servicio de pisos en alojamientos

M.ª Carmen Mas Muñoz

© 2025 Ediciones Paraninfo, S. A.
© 2025 M.ª Carmen Mas Muñoz

Edición y maquetación: Ediciones Nobel, S. A.

Impresión: Liberdigital (Casarrubuelos, Madrid)
ISBN: 978-84-283-7170-4
Depósito legal: M-4179-2025

Impreso en España

Autora

M.ª Carmen Mas Muñoz es técnico de empresas y actividades turísticas por la Escuela Oficial de Turismo de Madrid, técnica especialista en Administración Hotelera y técnica auxiliar en Regiduría de Pisos.

Comenzó su actividad docente en el año 1986 como profesora técnica de la especialidad de Hostelería y Turismo, impartiendo clases de Regiduría de Pisos, Cocina y Pastelería y Restauración, y durante el periodo que comprendió el desarrollo de las enseñanzas LOGSE obtuvo la habilitación de la Consejería de Educación de la Comunidad de Madrid para impartir el módulo profesional de Regiduría de Pisos.

A lo largo de su trayectoria docente ha participado en numerosos proyectos educativos como Atenea, Comenius, Petra-II y el programa piloto European Teacher Placement, entre otros. Ha ejercido cargos de jefa de departamento, profesora-tutora, representante del sector de profesores del consejo escolar de centros educativos, consejera del CPR Madrid Centro y representante de profesores en el CAP Madrid Centro.

Durante los últimos años de su carrera profesional ha impartido el módulo de Gestión del Departamento de Pisos del ciclo formativo de grado superior Alojamientos Turísticos, en la Escuela Superior de Hostelería y Turismo de Madrid.

Índice

Introducción normativa

La Ley Orgánica 3/2022, de 31 de marzo, de ordenación e integración de la Formación Profesional, contiene una disposición derogatoria única que afecta a la regulación de los certificados de profesionalidad, ahora denominados **Certificados Profesionales.** La referida normativa deroga la Ley Orgánica 5/2002, de 19 de junio, de las Cualificaciones y de la Formación Profesional, y abre un escenario de cambios que se irán implementando progresivamente.

La Ley Orgánica 3/2022, de 31 de marzo, de ordenación e integración de la Formación Profesional implica que toda la formación es acumulable. La oferta formativa se estructura de forma escalonada, siendo los Certificados Profesionales un nivel intermedio (Grado C) de una escala que va desde el Grado A hasta el D.

En los artículos 35 a 38 de la Ley 3/2022 se describe en qué consisten estos Certificados Profesionales: su oferta, formación asociada, estructura, duración, acceso, titulación y validez. Posteriormente, esta normativa se completa con lo dispuesto en el Real Decreto 659/2023, de 18 de julio, que desarrolla la ordenación del sistema de Formación Profesional. Concretamente en los artículos 67 a 81 es donde se hace referencia a la oferta formativa de Grado C, correspondiente a los Certificados Profesionales.

Están agrupados en 26 familias profesionales con características comunes del sector. En la actualidad hay más de medio millar de Certificados Profesionales incluidos en el Repertorio Nacional. Esta cifra no deja de crecer. Además, cada certificado está específicamente regulado por un real decreto.

Un Certificado Profesional corresponde al Grado C de la oferta del Sistema de Formación Profesional. Es un documento oficial, con validez en todo el territorio nacional y debe constar en el Catálogo Nacional de Ofertas de Formación Profesional, que certifica la capacitación para el desarrollo de una actividad profesional.

Debe detallar los módulos profesionales superados y los estándares de competencia profesional asociados a él e incluidos en el **Catálogo Nacional de Estándares de Competencias Profesionales**, así como su correspondencia con el Marco Español de Cualificaciones.

Despliegan su validez en un doble ámbito, laboral y académico:

- En el contexto laboral tienen validez profesional, porque acreditan las competencias en una determinada profesión. Para poder trabajar en algunas profesiones, se exigen determinadas cualificaciones, y los certificados sirven para acreditarlas.

- Asimismo, tienen validez académica, puesto que permiten continuar un itinerario formativo siempre que se cumplan los requisitos de acceso para cursar la titulación deseada. De tal modo que, los Certificados Profesionales que sean parte de un Grado D permitirán la matrícula modular para completar los módulos establecidos en el currículo y obtener el correspondiente título de técnico básico, técnico o técnico superior con validez en todo el territorio nacional.

Para obtener un Certificado Profesional (Grado C) es preciso cumplir con los requisitos de acceso para realizar la formación.

Estructura de los Certificados Profesionales

I. Identificación: denominación, familia y área profesional a la que pertenecen; nivel de cualificación profesional (1, 2 o 3); cualificación profesional de referencia; entorno profesional y módulos formativos que esté previsto cursar junto con la duración de cada uno de ellos.

II. Perfil profesional: incluye las competencias profesionales requeridas en el mercado laboral. En todas ellas se concretan las realizaciones profesionales y los criterios de realización.

III. Formación: describe los módulos formativos que esté previsto cursar para adquirir las competencias requeridas. En cada uno de ellos se indican las capacidades que se pretende alcanzar y la duración del módulo de prácticas no laborales —PNL—, para el que cabe solicitar exención si se cumplen determinados requisitos.

IV. Prescripciones de las personas formadoras.

V. Requisitos mínimos de espacios, instalaciones y equipamiento.

Los Certificados Profesionales se identifican con una denominación concreta y un código alfanumérico propio, y sirven para acreditar una determinada cualificación profesional. Cada certificado está asociado a una relación de unidades de competencia que, a su vez, se vinculan con una serie de módulos formativos específicos. Algunos módulos están integrados por unidades formativas y tanto unos como otras son, en ocasiones, transversales, lo que significa que se trata de contenidos incluidos en más de un Certificado Profesional.

Los Certificados Profesionales se articulan en tres niveles de competencia profesional (1, 2 y 3) conforme a lo dispuesto en el que será el Catálogo Nacional de Estándares de Competencias Profesionales, anteriormente Catálogo Nacional de Cualificaciones Profesionales (CNCP), según los criterios establecidos de conocimientos, iniciativa, autonomía y complejidad de las tareas, en cada una de las ofertas de Formación Profesional.

La oferta formativa dirigida a la obtención de los Certificados Profesionales tiene carácter modular para favorecer la acreditación parcial acumulable de la formación recibida y posibilitar así el avance en el itinerario de Formación Profesional para cualquiera que sea la situación laboral de cada persona en cada momento.

En definitiva, el Grado C constituye la oferta, parcial y acumulable, del sistema de Formación Profesional, de varios módulos profesionales del catálogo modular de Formación Profesional por razón de su significado en el mercado laboral y conducente a la obtención de un Certificado Profesional.

Las ofertas de Grado C de Formación Profesional tendrán por objeto módulos profesionales incluidos previamente en el catálogo modular de formación profesional y asociados al Catálogo Nacional de Estándares de Competencias Profesionales.

Finalidad de los Certificados Profesionales

- Contribuir a la ordenación de un Sistema de Formación Profesional al servicio de un régimen de formación y acompañamiento profesionales que sea capaz de responder con flexibilidad a los intereses, expectativas y aspiraciones de cualificación profesional de las personas a lo largo de su vida.

- Combinar escuela y empresa situando a la persona en el centro del sistema.

- Facilitar el aprendizaje permanente de toda la ciudadanía mediante una formación abierta, flexible y accesible, estructurada de forma modular, a través de la oferta formativa asociada al certificado.

- Acreditar las cualificaciones profesionales o las unidades de competencia recogidas en estas, independientemente de su vía de adquisición, bien sea través de la vía formativa, o mediante la experiencia laboral o vías no formales de formación.

- Favorecer, tanto a nivel nacional como europeo, la transparencia del mercado de trabajo.

- Contribuir a la calidad de la oferta de Formación Profesional.

Este libro

El presente libro desarrolla la Unidad Formativa denominada *Organización del servicio de pisos en alojamientos,* UF0041.

Dicha unidad formativa está asociada a la Unidad de Competencia UC1067_3, forma parte del Módulo Formativo MF1067_3 *Organización y atención al cliente en pisos,* perteneciente a la Cualificación Profesional de referencia: HOT333_3, de nivel 3, incluida en el Certificado Profesional denominado *Gestión de pisos y limpieza en alojamientos,* dentro de la familia profesional Hostelería y Turismo.

Según el Real Decreto 1376/2008, de 1 de agosto, modificado por el RD 619/2013, de 2 de agosto, los contenidos que en esta obra se recogen se corresponden con una duración de 40 horas.

Tanto la estructura como el desarrollo del libro se ajustan a los citados reales decretos y más concretamente a los contenidos de la Unidad Formativa que le da título *Organización del servicio de pisos en alojamientos,* UF0041.

Contenidos

1. **Organización de la prestación de los servicios del departamento de pisos**
   — Modelos característicos de organización de la prestación de los servicios: descripción y comparación.
   — Organización de los espacios físicos de las zonas de pisos, áreas públicas, lavandería y lencería: habitaciones de clientes. Zonas nobles. Zonas de servicio. *Offices* de pisos, lavandería y lencería. Propuesta de ubicación y distribución en planta de mobiliario.
   — Procesos característicos del departamento de pisos: descripción, diseño y elección. Análisis de información de procesos de servicios propios del departamento. Flujo de materias primas, ropa y lencería.
   — Métodos de trabajo: la planificación del trabajo. Métodos de mejora de la producción.
   — Métodos de medición de la actividad productiva:
     • Medición de tiempos: cronometraje.
     • Métodos basados en la ergonomía.
     • Métodos basados en la experiencia.
     • Estimación y asignación de tiempos.
   — Elaboración de planes de trabajo del departamento de pisos.
   — Estimación de necesidades de recursos humanos y materiales.

— Confección de horarios y turnos de trabajo.

— Organización y distribución de las tareas.

— Normas de control de: averías, objetos olvidados, habitaciones, empleo de materiales y productos y otros aspectos.

— Especificidades en entidades no hoteleras:

- Hospitales y clínicas.
- Residencias para la tercera edad.
- Residencias escolares.
- Otros alojamientos no turísticos.

2. **Técnicas y procesos administrativos aplicados al departamento de pisos**

— Aplicación de procedimientos administrativos propios del departamento.

— Manejo de equipos y programas informáticos específicos.

— Utilización y manejo de equipos de oficina.

— Identificación, clasificación y cumplimentación de documentación específica.

— Especificidades en entidades no hoteleras:

- Hospitales y clínicas.
- Residencias para la tercera edad.
- Residencias escolares.
- Otros alojamientos no turísticos.

3. **Planificación del espacio en función de maquinaria y equipos del área de pisos, zonas comunes, lavandería y lencería**

— Clasificación y medidas básicas de maquinaria y equipos.

— Ubicación y distribución en planta de maquinaria y equipos.

— Especificidades en entidades no hoteleras:

- Hospitales y clínicas.
- Residencias para la tercera edad.
- Residencias escolares.
- Otros alojamientos no turísticos.

4. **Aprovisionamiento, control e inventario de existencias en el departamento de pisos**

— Análisis de la dotación característica del departamento de pisos.

— Métodos utilizados para identificar necesidades de aprovisionamiento y fuentes de suministro, efectuar solicitudes de compra y desarrollar procesos de recepción y control de materiales y atenciones a clientes: análisis y aplicación.

— Sistemas y procesos de almacenamiento, distribución interna, mantenimiento y reposición de existencias: análisis y aplicación.

— Elaboración de inventarios y control de existencias.

— Especificidades en entidades no hoteleras:
  • Hospitales y clínicas.
  • Residencias para la tercera edad.
  • Residencias escolares.
  • Otros alojamientos no turísticos.

5. El mantenimiento de las instalaciones, mobiliario y equipos en el departamento de pisos

— El departamento de mantenimiento: objetivos, funciones y relaciones con el área de pisos.

— Competencias del departamento de pisos, áreas públicas, lavandería y lencería en materia de mantenimiento de instalaciones, equipos y mobiliario.

— Tipos de mantenimiento: preventivo, correctivo y mixto.

— El establecimiento de alojamiento y su mantenimiento; principales elementos: El inmueble: fachada, terrazas, suelos, techos, paredes, carpintería, cristalería, salidas de emergencia, otros. Las instalaciones: de protección contra incendios, de calefacción, climatización y agua caliente, aparatos de elevación, instalaciones eléctricas y otras instalaciones.

— Especificidades en entidades no hoteleras:
  • Hospitales y clínicas.
  • Residencias para la tercera edad.
  • Residencias escolares.
  • Otros alojamientos no turísticos.

6. Gestión de la seguridad en establecimientos de alojamiento

— El servicio de seguridad: equipos e instalaciones.

— Identificación y descripción de los procedimientos e instrumentos para la prevención de contingencias.

— Descripción y aplicación de normas de protección y prevención de contingencias.

— Ordenación de procedimientos para la actuación en casos de emergencia: planes de seguridad y emergencia.

— Aplicaciones en simulacros de procedimientos de actuación en casos de emergencia.

— Justificación de la aplicación de valores éticos en casos de siniestro.

— La seguridad de los clientes y sus pertenencias.

— Especificidades en entidades no hoteleras:

  • Hospitales y clínicas.

  • Residencias para la tercera edad.

  • Residencias escolares.

  • Otros alojamientos no turísticos.

■ Nota del Editor

En Ediciones Paraninfo estamos comprometidos con la calidad de la formación e intentamos que nuestros materiales respondan fielmente y con rigor a las necesidades de todos cuantos confían en nuestro sello editorial.

Tratamos de dar respuesta a los currículos de las unidades formativas y de los módulos que integran los distintos Certificados Profesionales, equilibrando la parte teórica con la práctica para que los procesos de aprendizaje se conviertan en experiencias gratificantes, tanto para docentes como para las personas inmersas en los procesos formativos.

Nuestros objetivos son contribuir de forma decisiva a afianzar aprendizajes, ayudar a adquirir destrezas que tengan significado para el empleo y conseguir potenciar el desarrollo personal.

Para lograrlo contamos con excelentes autores, expertos en las materias que abordan, en la mayoría de los casos docentes de dichas especialidades con dilatada experiencia tanto profesional como académica, porque buscamos perfiles familiarizados con los contextos laborales concretos a los que se refieren nuestros manuales.

Confiamos en poder serte de ayuda y esperamos tus impresiones acerca de nuestro trabajo. Sean positivas o negativas, serán muy bien recibidas y, sin duda, nos ayudarán a seguir mejorando y trabajando con ilusión para continuar siendo un referente en formación para el empleo.

Agradecemos tu confianza en nuestros manuales. Todo nuestro equipo queda a tu total disposición. Puedes contactar con nosotros en esta dirección de correo electrónico:

info@paraninfo.es

1. Organización de la prestación de los servicios de pisos

Contenidos

1.1. Modelos característicos de organización de la prestación de los servicios: descripción y comparación

Para comenzar a hablar del departamento de pisos es imprescindible conocer las actividades que se desarrollan en él.

Según el actual Acuerdo Laboral de ámbito estatal para el sector de Hostelería (ALEH) dicho departamento se engloba en el área funcional cuarta, cuyas actividades son: «servicios generales de conservación y limpieza, atención al cliente en el uso de servicios, preparación de zonas de trabajo, servicios de lavandería, lencería, conservación de mobiliario y decoración». Dichas actividades tienen un carácter meramente enunciativo.

El departamento de pisos es muy complejo, ya que sus actividades se desarrollan en casi la totalidad del establecimiento. A esto hay que añadir que el equipo humano es uno de los más numerosos, y existe un gran volumen de recursos materiales que controlar y conservar (mobiliario, maquinaria, etcétera).

El departamento de pisos, también conocido como *housekeeping,* cumple funciones de producción y soporte:

1. **De producción**: el departamento de pisos principalmente produce habitaciones y salones limpios para su posterior venta. También produce limpieza y planchado de ropa de clientes. Hay establecimientos que incluyen la explotación del minibar dentro de este departamento. La mayor fuente de ingresos de los establecimientos hoteleros proviene de la venta de habitaciones.

2. **De soporte**: ya que sin la intervención del departamento de pisos el resto de departamentos no podrían prestar adecuadamente sus servicios (limpieza y puesta a punto de las dependencias del hotel, suministro de ropa empleados, ropa de sala y cocina, etcétera).

Antes de proceder a planificar los procesos en las distintas áreas competencia del departamento de pisos y organizar y distribuir las tareas, es conveniente conocer qué relaciones interdepartamentales existen entre el departamento de pisos y el resto de departamentos del establecimiento y qué áreas tienen que ser controladas por la gobernanta.

El departamento de pisos puede tener una organización más o menos compleja según factores como:

A) **Tipología y categoría del establecimiento**: tanto la tipología como la categoría del establecimiento determinan los servicios que han de ser prestados.

Dentro de las *empresas turísticas de alojamiento,* nos encontramos gran variedad de establecimientos cuya ordenación y regulación depende de las comunidades autónomas. A continuación, vamos a citar algunos ejemplos pudiendo encontrarnos algunas pequeñas diferencias según el lugar donde se desarrolle la actividad:

1. Establecimientos hoteleros: son aquellas instalaciones que, destinadas al alojamiento turístico, ocupan la totalidad de un edificio o parte independizada de este, constituyendo sus dependencias un todo homogéneo con entradas, ascensores y escaleras de uso exclusivo, y reúnen los requisitos técnicos mínimos que reglamentariamente se establezcan. Los establecimientos hoteleros podrán disponer de otros servicios complementarios, como los de restauración, que, a elección del interesado podrán tener o no acceso directo desde la vía pública. Ejemplos:

   - Hoteles (H): son edificios independientes o un conjunto de edificios tipo *resort.* Pueden ser de ciudad o vacacionales. Pueden encontrarse en edificios funcionales y modernos o en edificios peculiares (castillos, mansiones, etc.). Su categoría va desde el lujo a una estrella, donde varían las dimensiones de las habitaciones, la calidad de sus instalaciones, mobiliario y equipos, y los servicios que se prestan. La mayoría se especializan en tipologías de clientes ofreciendo servicios y habitaciones pensados en clientes de negocios, en deportistas, en familias, etcétera.

   - Hoteles-apartamentos (HA): similares a los hoteles con la peculiaridad de que deben contar con instalaciones adecuadas para la conservación, elaboración y consumo de alimentos dentro de cada unidad de alojamiento. Se clasifican por estrellas de cuatro a una.

   - Pensiones (P): son establecimientos básicos que no reúnen los requisitos para ser catalogados como hoteles. Se clasifican por estrellas plateadas de tres a una.

   - Hostales (HS): son pensiones que cuentan con un mínimo de diez habitaciones y veinte plazas. Su clasificación es igual que la de las pensiones.

   - Casas de huéspedes (CH): se trata de alojamientos con o sin comedor que ofrecen servicios elementales sin alcanzar los niveles necesarios para ser clasificados con estrellas. Se clasifican en una única categoría.

- Hosterías (*hostels*): son establecimientos que ofrecen al público el servicio de alojamiento turístico con carácter temporal, en habitaciones de capacidad múltiple dotadas de camas literas de dos alturas, pudiendo contar, además, con habitaciones dobles o habitaciones individuales. Se clasificarán en una única categoría y son una tipología de reciente aparición en Madrid y Barcelona.

- Apartamentos turísticos y viviendas de uso turístico.

- Campamentos de turismo.

- Establecimientos de turismo rural.

Cada uno de ellos con sus particularidades. Los apartamentos, por ejemplo, deben contar con sala de estar-comedor y cocina, lo que hace que el tiempo empleado en la limpieza de una unidad sea mucho mayor que en otro tipo de establecimientos.

2. Existe otro tipo de actividades de alojamiento de tipo social llamado comúnmente extrahoteleras, como los albergues, residencias de tiempo libre, etc., donde la organización sería muy similar a las que hemos mencionado.

En cuanto a la categoría ocurre lo mismo. Tomando como ejemplo la máxima categoría de un establecimiento hotelero, en un hotel de cinco estrellas se prestan servicios que en otra categoría no son precisos. Por un lado, las dimensiones de las habitaciones y baños son mayores, es obligatorio disponer de baño y ducha en cada habitación y el inodoro independizado, lo que aumenta el tiempo de limpieza de una habitación.

En lo referente a la prestación de servicios y aunque las legislaciones vigentes en materia no hagan mención expresa a ciertos aspectos, como consecuencia de legislaciones anteriores y de valores añadidos que han ido ofreciendo los establecimientos hoteleros para competir, se han creado una serie de prestaciones que hacen que sean obligatorias en establecimientos de cierta categoría. En hoteles de alta categoría se cambia la ropa de cama y aseo todos los días, se tiene especial cuidado en las atenciones especiales, se realiza la cobertura a diario. Algunos hoteles como valor añadido ofrecen carta de sábanas, de almohadas, de perfumes, cafetera en las habitaciones, etc., lo que hace que necesitemos mayores y mejores recursos humanos y materiales.

B) **Tamaño del establecimiento:** establecimientos de gran tamaño e incluso con varios edificios tipo *resort* hacen que la plantilla y la organización del departamento de pisos sea más compleja. Los servicios serán prestados por un equipo especializado o por cualquier miembro de la plantilla en función de que el tamaño del establecimiento justifique disponer de estos equipos especializados.

C) **Cualificación profesional:** el mayor o menor nivel de formación del personal incide en el reparto de responsabilidades y tareas, y en una mayor polivalencia o especialización de la plantilla. Hoy en día se tiende a la polivalencia del personal.

Para entender la cualificación profesional del departamento de pisos es preciso, en primer lugar, conocer las categorías que existen actualmente y su correspondencia con las categorías existentes en legislaciones anteriores, ya que su análisis y estudio nos hacen comprender las estructuras organizativas y las tareas que actualmente se encomiendan al personal del departamento de pisos.

Cuadro 1.1. Tabla de correspondencias antiguas y nuevas categorías profesionales.

Tabla de correspondencias aprobado en fecha 9 de abril de 1997 de las antiguas categorías profesionales a las contenidas en los actuales grupos profesionales del ALEH en vigor, tanto procedentes de la extinta ordenanza de trabajo para la industria de hostelería como las que pudieran figurar en los convenios colectivos de ámbito inferior		
Área funcional cuarta. Pisos y limpieza		
Categorías de la Extinta Ordenanza Laboral de Hostelería	Categorías profesionales del ALEH	Grupo profesional
Encargada general o gobernanta de primera.	Gobernante/a o encargado/a general.	1 Mandos
Gobernanta de segunda. Encargada de lencería. Encargada de lencería o lavadero.	Subgobernante/a o encargado/a de sección.	1 Mandos

Categorías de la Extinta Ordenanza Laboral de Hostelería	Categorías profesionales del ALEH	Grupo profesional
Lencera. Camarera de pisos. Planchadora, costurera, lavandera y zurcidora.	Camarero/a de pisos.	2 Técnicos y especialistas
Personal de limpieza. Limpiadora. Mozo de habitación. Mozo de lavandería.	Auxiliar de pisos y limpieza.	3 Asistente

Podemos observar que las categorías profesionales se han simplificado bastante y que la especialización de algunos puestos de trabajo ha desaparecido. En cuanto a los grupos profesionales, actualmente se han simplificado en tres.

Las actuales categorías profesionales del departamento de pisos y limpieza se encuentran reflejadas en el VI Acuerdo Laboral de ámbito estatal para el sector de Hostelería.

Actividades, trabajos y tareas de las categorías profesionales del área de pisos y limpieza

A) Encargado/a general

1. Realizar de manera cualificada la dirección, control y seguimiento del conjunto de tareas que componen el servicio de pisos, áreas públicas, áreas internas, lavandería y lencería, controlando y supervisando los servicios de lavandería, planchado y costura; asimismo, es responsable de la organización del personal a su cargo.

2. Organizar, dirigir y coordinar el personal a su cargo.

3. Dirigir y planificar el conjunto de actividades de su área.

4. Dirigir, supervisar y controlar las compras y existencias de ropa blanca, productos de mantenimiento y limpieza.

5. Encargarse del control e inventario de mobiliario, enseres y materiales de las habitaciones y organización del trabajo de servicio de pisos, áreas públicas, internas y lavandería.

6. Elaborar las estadísticas e informes de su área a la dirección del hotel y otros departamentos, así como la dirección de la formación del personal a su cargo.

B) **Encargado/a de sección**

1. Ejecutar de manera cualificada, autónoma y responsable, las tareas relativas a los pisos, áreas públicas, áreas internas, lencería y lavandería.

2. Seleccionar los productos de mantenimiento y limpieza para el uso diario.

3. Inspeccionar y participar en la limpieza de áreas.

4. Llevar el control de las habitaciones y su ocupación, así como de las salas.

5. Participar en estadísticas y elaborar informes en relación con las tareas propias de su área.

6. Sustituir al/a gobernante/a o al/a encargado/a general cuando sea preciso.

C) **Camarero/a de pisos**

1. Realizar de manera cualificada la limpieza y arreglo de las habitaciones y pasillos, así como del orden de los objetos de los clientes.

2. Limpiar y ordenar las habitaciones, baños y pasillos entre las habitaciones de clientes.

3. Controlar el material, productos de los clientes y comunicar a sus responsables las anomalías en las instalaciones y los objetos perdidos.

4. Realizar la atención directa al cliente en las funciones propias de su área.

5. Realizar las labores propias de lencería y lavandería.

D) **Auxiliar de pisos y limpieza**

1. Encargarse de manera no cualificada de las tareas auxiliares de limpieza y arreglo de pisos y áreas públicas.

2. Preparar, transportar y recoger los materiales y productos necesarios para la limpieza y mantenimiento de habitaciones y áreas públicas e internas.

3. Preparar las salas para reuniones, convenciones, etcétera.

4. Limpiar las áreas y realizar labores auxiliares.

Dependiendo del tipo de establecimiento, las funciones del personal pueden variar bastante desde la especialización a la polivalencia máxima.

Como ya hemos comentado anteriormente, hoy en día se tiende a la polivalencia del personal, ya que por cuestiones de rentabilidad las plantillas de personal fijo y altamente cualificado y especializado tienden a la baja. Podemos tener en plantilla tanto camareras/os de pisos como auxiliares de pisos y limpieza según las áreas que se vayan a atender. Muchos establecimientos tienden a externalizar los servicios de limpieza de áreas internas y de lavandería-lencería, teniendo como personal fijo únicamente camareras/os de pisos tanto para zona noble como pisos, cubriendo de esta manera las libranzas, descansos, vacaciones, etc., del personal con personal de plantilla. La diferencia de sueldo entre una categoría profesional y otra es mínima.

Centrándonos en los sistemas de organización general de la empresa podemos citar dos tipos fundamentales: lineal y funcional.

a) Organización lineal

Es propio de pequeñas empresas que cuentan con poco personal donde se realizan tareas no muy complejas. Existe una única línea de mando del nivel superior al inferior.

Este sistema tiene la **ventaja** de establecer un nivel claro de autoridad y competencias profesionales de cada categoría. Las órdenes son dadas directamente por la gobernanta sin mandos intermedios que podrían interferir o desviar la comunicación existiendo una inmediatez en la adopción de decisiones.

Al igual que tiene sus ventajas también existen **inconvenientes**. Con este sistema no puede existir la especialización y los trabajadores realizan funciones diversas y amplias, lo que puede mermar el rendimiento óptimo y la calidad del servicio. Por otro lado, supervisar y hacer un seguimiento de tal variedad y cantidad de tareas implica una gran dificultad de estar al mismo nivel de exigencia en todas.

A continuación, se exponen dos ejemplos de organización lineal. El primero no tiene mayor complicación. En el segundo ejemplo la subgobernanta actúa como equipo directivo (o *staff*) trabajando de manera coordinada con la gobernanta con lo que forma un equipo.

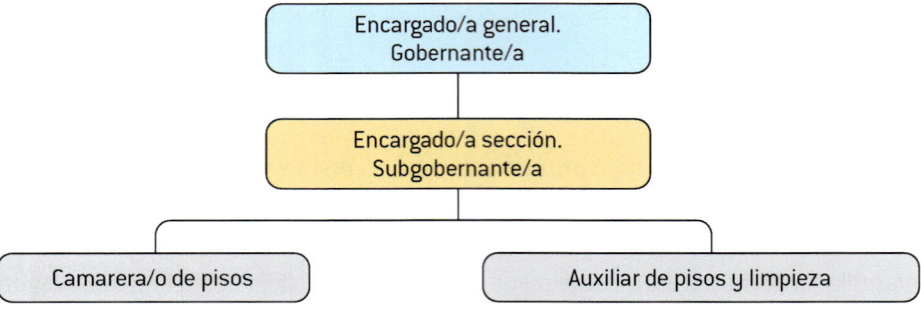

Figura 1.1. Organigrama lineal.

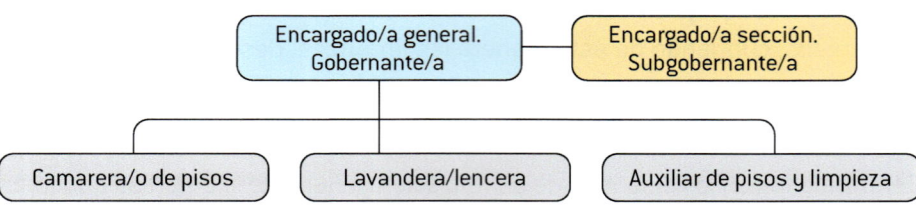

Figura 1.2. Organigrama lineal con equipo directivo.

b) Organización funcional

Es un sistema de organización del trabajo propio de grandes empresas. Debido al volumen de trabajo y número de empleados, es preciso dividir la organización en departamentos y subdepartamentos. Es necesario delegar autoridad en mandos intermedios y la plantilla está altamente especializada.

Como **ventaja** de este sistema de organización nos encontramos que los mandos intermedios se responsabilizan únicamente de su área, lo que favorece el conocimiento y experiencia mejorando los resultados finales. La eficacia del personal es mayor, ya que su especialización y formación hacen que las tareas que se desarrollan sean del todo profesionales.

En cuanto a los **inconvenientes,** nos podemos encontrar con posibles conflictos de autoridad entre los distintos mandos y la falta de coordinación para trabajar en equipo.

Expondremos un ejemplo de organización funcional explicando las funciones de cada nivel. A las órdenes del director gerente se encuentra un director de alojamiento (*Room Manager*) cuyas funciones van dirigidas a la explotación comercial del departamento. Trabaja en estrecha relación con el departamento comercial para conseguir la mayor ocupación de las habitaciones al mejor precio dentro del plan de *marketing* de la empresa. Además, se encarga del seguimiento del plan de calidad, del seguimiento y control de la atención de los clientes vips, de la disponibilidad de habitaciones para eventos, etc. Se coordinará con la gobernanta en lo relativo a la organización del departamento y la elaboración de planes de mejora y renovación de las habitaciones.

La gobernanta (*Executive Housekeeper*) en estos casos tendrá un alto nivel ejecutivo por las actividades que se desarrollan en este tipo de organizaciones. Por el volumen de trabajo y alta cualificación la gobernanta debe contar con una secretaria o *Assistant Housekeeper* con funciones de equipo directivo de tipo gestión administrativa.

Como podemos observar, a las órdenes de la gobernanta existen tres subdepartamentos independientes que son el de pisos, el de zona pública y la lavandería-lencería. Podría existir un cuarto llamado zona de servicio o interna, si el volumen de trabajo lo permite y el servicio no está externalizado. Cada departamento cuenta con su mando independiente y personal especializado.

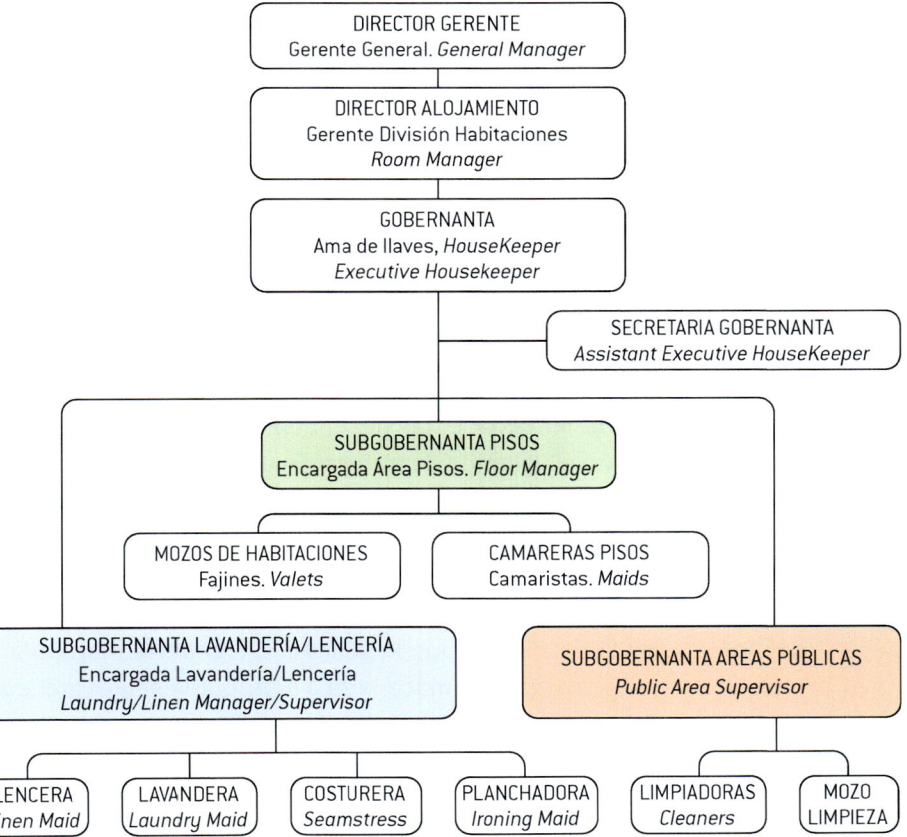

Figura 1.3. Organigrama funcional. Establecimiento hotelero de grandes dimensiones.

1.2. Organización de los espacios físicos

1.2.1. Organización de los espacios físicos de las zonas de pisos, áreas públicas, lavandería y lencería: habitaciones de clientes. Zonas nobles. Zonas de servicio. *Offices* de pisos, lavandería y lencería

Los espacios se organizan por áreas. Las áreas de las que consta generalmente el departamento de pisos son:

a) **Área de habitaciones**: es la de mayor dimensión. Además de las habitaciones incluye pasillos, aseos comunes, escaleras y ascensores de clientes y *office*. Es el área que más recursos humanos y material emplea. Es la que mayores ingresos produce.

b) **Área de zona noble**, **pública o común**: es el espacio del establecimiento a disposición de la clientela y por el cual el personal no puede transitar si no es por razones de servicio y debidamente uniformado. Es el escaparate del establecimiento, por lo que debe extremarse su cuidado y presentación. Contará con un *office* de maquinaria y material de limpieza.

c) **Área de zona de uso interno o de personal**: es el espacio donde se encuentran las instalaciones destinadas al personal y aquellos departamentos que prestan sus servicios de *back-office*. Dentro de esta área incluimos el *parking* por encontrarse generalmente en los sótanos de los establecimientos, aunque es de uso exclusivo de clientes. Contará con un *office* de maquinaria y material de limpieza.

d) **Área externa**: es el espacio que rodea al establecimiento y que debe ser cuidado por la imagen que refleja.

e) **Área de lavandería-lencería**: estas dependencias pueden estar unidas o separadas según el volumen de trabajo. Es un área que actualmente y en la mayoría de los establecimientos hoteleros se tiende a externalizar, reduciendo considerablemente sus instalaciones y personal. En el caso de encontrarse separadas la **lavandería** se encarga de manipular la ropa sucia efectuando el lavado, secado y planchado tanto de la ropa del hotel como la del cliente que lo solicite. La **lencería** manipula la ropa limpia y se encarga de almacenarla o distribuirla según proceda, además de realizar ciertos arreglos de costura.

A continuación, se citan a modo de ejemplo las dependencias más comunes que podemos encontrar en un establecimiento de alojamiento turístico.

Cuadro 1.2. Ejemplo de áreas y dependencias de un gran establecimiento hotelero.

ÁREAS	DEPENDENCIAS
HABITACIONES	• Habitaciones, aseo y/o baño particular y salones. • Cocinas, en el caso de apartamentos. • Aseos comunes de planta. • Escaleras y ascensores de clientes. • Pasillos. *Office* de planta y cuartos.
ZONA NOBLE, PÚBLICA O COMÚN	• *Lobby* o vestíbulo. • Recepción-conserjería. • Mostrador de atención al cliente. • Servicios sanitarios generales de señoras y caballeros. • Restaurante, bar y cafetería. • Salones de banquetes y reuniones. • *Fitness Center* y/o SPA. • *Business Center.* • Jardines, zona recreo y/o piscina. • Zona wifi. • Despachos de dirección. • *Offices.*
ZONA INTERNA, DE SERVICIO O PERSONAL	• *Back-office* de recepción. • Despachos de administración, de recursos humanos, comercial, etcétera. • Despachos de jefes departamento. • Economato, bodega y almacenes. • Cocina, *Plonge* y *Offices.* • Cuarto de máquinas. • Escaleras de servicio y montacargas. • Vestuarios y aseos de personal. • Comedor de personal o «familia». • *Parking.*
ZONA EXTERNA	• Accesos al hotel. • Jardines y zona verde. • Exterior del edificio. • Aparcamiento exterior.
LAVANDERÍA-LENCERÍA	• Lavandería y lencería. Almacenes de ropa. • *Offices.*

1.2.2. Propuesta de ubicación y distribución en planta de mobiliario

En los pasillos de los establecimientos hoteleros no se recomienda la ubicación de mobiliario alguno para facilitar la movilidad de trabajadores que porten carros y maquinaria, el tránsito de personas con algún tipo de movilidad reducida y la evacuación de estas en caso de emergencia.

Según la legislación competente en la materia, se exigen unos mínimos elementales en la dotación de mobiliario en los dormitorios, como por ejemplo:

a) Una cama doble de 1,35 metros de ancho por 1,85 metros de largo o dos individuales de 0,90 metros de ancho por 1,85 metros de largo en habitaciones dobles.

b) Una cama de 0,90 metros de ancho en habitaciones de uso individual.

c) Una o dos mesillas de noche.

d) Un sillón, butaca o silla, y una mesa o escritorio.

e) Un armario.

f) Una o dos lámparas de cabecera.

Serán el tipo de establecimiento, su categoría, ubicación y estilo los que determinen el tamaño y funcionalidad del mobiliario. Los establecimientos hoteleros de lujo o alta categoría ofrecen camas más grandes de 1,00, 1,50 y 2,00 metros de ancho y de 1,90 a 2,00 metros de largo.

1.3. Procesos característicos del departamento de pisos: descripción, diseño y elección. Análisis de información de procesos de servicios propios del departamento

La encargada de organizar los procesos del departamento de pisos es la gobernanta general. Para alcanzar un grado óptimo de calidad es necesario elaborar un manual de estandarización de procesos donde figuren detalladamente todos y cada uno de ellos.

Existen muchos tipos de manuales, pero todos deben contar con al menos los siguientes puntos:

1. Proceso: se dividirá en pequeñas tareas ordenadas para su mejor comprensión.

2. Personal: es decir, quién se encargará de desarrollar la tarea.

3. Material necesario para desarrollar la tarea: útiles, maquinaria, productos, lencería, etcétera.

4. Descripción detallada de las actividades que se van a desarrollar o de los pasos que se deben seguir.

5. Explicación sobre la manera de realizar las tareas.

Algunos manuales incluyen además una explicación del porqué de la manera de actuar o proceder para reforzar la importancia de realizar la tarea conforme al estándar y concienciar al personal de su importancia.

TAREA: ¿Cómo hacer una cama? MATERIAL: 1 muletón, 2 sábanas, 1 manta, 1 colcha blanca, de 4 a 6 fundas de almohada, de 4 a 6 almohadas

PASOS QUE SEGUIR	CUESTIONES	PROCEDIMIENTOS
• Retirar las sábanas sucias y las fundas.	• ¿Qué hacer con las sábanas sucias?	• Poner en el saco de la lavandería.
• Colocar el muletón.	• ¿En qué es preciso poner atención al colocar el muletón?	• Que sea de la medida adecuada y esté bien limpio.
• Poner la 1ª sábana.	• ¿Cómo?	• Sábana del derecho.
• Poner la 2ª sábana (del revés) más alta que la 1ª. (Costura al derecho).	• ¿Por qué la sábana del revés?	• Para que posteriormente, al volverla, en la parte alta quede del derecho.
• Poner la manta un poco más baja.	• ¿Por qué?	• Dejar el borde para las almohadas.
• Superponer la colcha blanca encima de la manta, al derecho.	• ¿En qué hay que poner atención al doblar las sábanas?	• Nada de manchas ni rotos.
• Redoblar la 2ª sábana sobre la colcha blanca encima de la manta, al derecho.	• ¿En qué hay que poner cuidado?	• Que el embozo esté derecho.
• Introducir las sábanas y la colcha bajo el colchón por el pie de la cama.	• ¿Por qué comenzar por el pie de la cama?	• Para tener el mismo procedimiento en todas las habitaciones.
• Poner la colcha.	• ¿Cómo?	• Verificar que todas las almohadas estén bien al borde.
• Redoblar una cuarta sobre las almohadas.	• ¿De qué manera?	• Redoblar el faldón adicional sobre las almohadas y deslizar el borde bajo las almohadas.

Figura 1.4. Ejemplo de tarea según manual de procedimientos.

Los procesos tienen que ser conocidos por todo el personal implicado en ellos. Muchas empresas realizan cursos de formación destinados a los nuevos empleados con la finalidad de hacer hincapié en la importancia de conocer los procesos y valorar los resultados de aprendizaje

Los procesos tienen que ser controlados para verificar su correcta ejecución y tienen que ser revisados periódicamente para mejorar los resultados.

A continuación, vamos a explicar los procesos más relevantes relacionados con el departamento de pisos.

1.3.1. Proceso de limpieza de una habitación

Iniciaremos la explicación del procedimiento exponiendo la diferencia entre una habitación ocupada o de cliente y una de salida. La limpieza de ambos tipos es muy similar con la única distinción que la habitación de salida debe de quedar como si el cliente que la va ocupar estrenara la misma.

A) Diferencia entre habitación ocupada y de salida

Cuadro 1.3. Diferencia habitación ocupada y salida.

OCUPADA *(Stay over)*	SALIDA *(Due out* o *Departure)*
Retirar bandejas de desayuno o comida y restos de bebidas del *Room Service.* La ocupación de mobiliario extra (cuna, supletoria, etc.) dificulta el movimiento y limpieza de la habitación.	Retirar todo lo que no pertenezca a la habitación: bandejas de desayuno o comida, bebidas, etc., perchas extras o que no son del hotel, camas supletorias y cunas, mobiliario extra.
Papeleras: cuidado en el vaciado de estas. No tirar nada que no nos haya indicado expresamente el cliente.	¡Ojo con los objetos que puede haber olvidado el cliente! No tirar «nada» incluida la comida o bebida. Los envoltorios, periódicos, revistas, etc., pueden considerarse desechables.
Puede existir ropa de cliente para enviar a lavandería, tendremos que tramitar el procedimiento. No mandar nada sin el documento relleno por el cliente, aunque se encuentre en la bolsa.	No existe ropa clientes para lavandería.

OCUPADA *(Stay over)*	SALIDA *(Due out* o *Departure)*
Limpieza diaria normal. No tocar el interior de armarios, muebles y cajones que puedan contener objetos personales de los clientes. Revisión y reposición del minibar (si procede). No tocar bebidas o comidas de los clientes.	Limpieza en profundidad. Limpieza profunda y revisión de armarios, muebles y cajones. Limpieza a fondo y reposición de minibar. Descongelación de este, si procede.
La ropa se cambia en función de la frecuencia establecida.	Se cambia toda la ropa. Muletón y colcha dependiendo de su estado, teniendo mucho cuidado con las manchas o defectos.
La habitación está ocupada por objetos personales del cliente. Cuidado con su manipulación para realizar la limpieza. Colocar ropa y calzado de manera ordenada sin introducirla en los armarios. Respetar la colocación de los objetos del cliente. El desorden en la habitación puede ocasionarnos pérdida de tiempo en su realización	La habitación está libre de objetos, lo que nos facilita mucho su limpieza.
El baño está ocupado por objetos del cliente. Mucho cuidado con su manipulación. Ordenar respetando la colocación del cliente. Reponer *amenities* según lo establecido.	Baño: la limpieza, aunque sea profunda, está libre de objetos del cliente lo que nos facilita su ejecución. Reposición de todos los *amenities* preservando los estándares establecidos.
La limpieza puede ser costosa dependiendo del tipo de cliente, de sus hábitos o del tipo de hotel (de playa, urbano…).	La habitación puede quedar en mal estado (manchas, olores, desperfectos, etc.), lo que nos duplica el tiempo de trabajo.

B) Limpieza habitación de salida.

Los pasos que se deben seguir para la limpieza de una habitación de salida son los siguientes:

Cuadro 1.4. Pasos elementales para realizar la limpieza de una habitación de salida.

TAREAS
1.º Airear y preparar la limpieza. Retirar todo lo que no pertenece a la habitación (bandejas, envases, etc.) y dar orden de retirar el mobiliario que no pertenece a la habitación (supletoria, cuna, etcétera). Retirar basura (y cenicero, en caso de existir), ropa de cama y baño, y posibles objetos olvidados al carro. Colocar material de limpieza y ropa de cama/baño en la habitación, aprovechando siempre los desplazamientos. Comprobar averías. La ventilación total aconsejable sería de unos veinte minutos, procurando no bajar de diez.
2.º Hacer las camas. La cama es la pieza principal de la habitación, será lo primero que hagamos.
3.º Hacer el baño: de limpio a sucio. Limpieza de sanitarios. Reponer dotación y acogida. Aspirar y fregar.
4.º Limpieza de la habitación. Mobiliario, minibar, televisión, complementos, teléfono, puerta, etcétera.
5.º Limpieza del suelo. Aspirar y fregar o lustrar (si procede).
6.º Acabado. Detalles de bienvenida. Reposición. Ambientar luces, cortinas. Última revisión. Rellenar documentos de control.

Cuadro 1.5. Explicación detallada del proceso de limpieza de una habitación de salida.

1.º Preparación de la limpieza
• Dejar carro y útiles de limpieza adosados al pasillo, cerca de la habitación, sin obstruir el paso. (Observación: el estándar de procedimiento podría marcar lo contrario, es decir, trabajar con puerta cerrada y carro colocado en puerta de habitación obstruyendo el paso a esta).

- Comprobar mediante la hoja de control que la habitación es una salida.
- Llamar a la puerta con los nudillos (no con llaves u otro objeto), preguntando a la vez si se puede pasar según fórmulas de cortesía del establecimiento.
- Comprobar que es una salida efectiva.

Dentro de la habitación:

- Desconectar aire acondicionado si estuviese funcionando.
- Abrir ventanas (si hay ceniceros vaciar antes) y hacer una revisión completa y rápida comprobando que el cliente no ha olvidado ninguna de sus pertenencias. Armarios, cajones, terraza, cuarto de baño, etcétera.
- Retirar si hubiese cualquier tipo de material, de comida o bebida, incluidos los envases del minibar si procede, llevando al carro u *office* (según procedimiento establecido, teniendo en cuenta el tiempo destinado en los desplazamientos) aquel que no pertenezca a la habitación. Depositar los vasos de minibar en el baño si se limpian en la habitación.
- Vaciar en la bolsa o cubo de basura las papeleras. Antes mirar si en las papeleras hay algún objeto que aparentemente no sea desecho y haya caído dentro involuntariamente. No introducir manos para evitar accidentes.
- Introducir útiles de limpieza en la habitación, aprovechando los desplazamientos al carro.
- Colocar la papelera con fondo limpio a la derecha del escritorio y la del baño dentro de este.
- Retirar toda la ropa de cama (con cuidado de que no queden objetos del cliente ocultos en ella) y ropa de baño sucia depositándola en el saco de lona o carro destinado a tal uso. Tomar la ropa de cama y baño limpia del carro y depositarla en la habitación.
- Detectar posibles averías (luces, televisión, teléfono, cortinas, etcétera).

2.º Hacer la cama

A continuación, vamos a explicar la forma de hacer una cama de *forma tradicional*.

Material: funda de colchón, cubre, sábana bajera, sábana encimera, manta (o relleno nórdico), colcha de noche (blanca), colcha de día (decorativa) y funda de almohada.

- Comprobar que la funda del colchón (si la hubiera) y el cubre están limpios y bien estirados. Cambiar si procede.
- Extender la **sábana bajera** del derecho, centrando los dobleces que se han marcado al doblarla en el planchero.
- Rematar las dos esquinas de un lado.
- Remeter toda la sábana por ese lado.
- Tirar bien de la sábana alisando las posibles arrugas.

- Rematar las otras dos esquinas del otro lado.

- Remeter toda la sábana debajo del colchón.

- Extender la **sábana encimera** sobre la cama, del revés.

- Calcular el tamaño del embozo guiándose por el doblez horizontal hecho en el planchero con una medida aproximada de 40 a 45 centímetros de ancho. El embozo quedará a unos 10 o 20 centímetros (según procedimiento) de distancia entre la parte superior de la cama y el comienzo de este. No arrugar con las manos el embozo.

- Centrar el anagrama que también estará enmarcado por los dobleces verticales.

- Hacer las esquinas correspondientes a los pies de la cama.

- Extender **la manta, o el nórdico** llevándola a la altura conveniente por la parte superior. Bastante alta.

- Extender la **colcha de noche** (blanca) dejándola a la misma altura que la manta por la parte superior y centrándola verticalmente con el colchón guiándose por el doblez central de la plancha. (Observación: si la cama no lleva colcha de día, la de noche se dejará un poco más alta para luego remeter y proteger así el borde superior del edredón o manta, como si de una funda nórdica se tratara).

- Rematar las esquinas inferiores con la manta y colcha al mismo tiempo.

- Doblar el embozo sobre la colcha y remeter los laterales hasta conseguir un efecto de caja.

- Poner la funda limpia en la almohada dejando la costura en la parte de arriba.

- Extender el cubrecama o colcha de día doblado horizontalmente sobre la mitad de la cama hacia abajo colocando esquinas y caídas.

- Colocar la almohada sobre este doblez con el anagrama boca abajo cogiéndola por las costuras, o bien colocarla con el anagrama sobre la parte superior de la cama.

- Dar la vuelta al doblez de la colcha dejando la almohada envuelta dentro.

- Alisar la colcha.

3.º Limpieza de cuarto de baño

Preparación

- Descargar la cisterna y dejar correr el agua restregando interiormente con la escobilla, insistiendo en el reborde interior del asiento, eliminando la suciedad que pudiera encontrase. Rociar con producto desinfectante y dejar actuar.

- Sacudir y secar hacia abajo las cortinas de la ducha si las hubiera.

- Limpiar vasos y secarlos con paño específico. Precintarlos con cuidado.

- Limpiar ceniceros y papelera del baño.

- Rociar el resto de los sanitarios con desinfectante y dejar actuar.

Limpieza de sanitarios. De limpio a sucio en el siguiente orden: lavabo, bañera y /o ducha, bidé e inodoro.

Limpieza del lavabo:

- Fregar con estropajo blanco humedecido en producto detergente el interior y el exterior, el tapón y la grifería, insistiendo en el sumidero y el rebosadero.
- Fregar la encimera y los azulejos próximos al lavabo.
- Aclarar y secar sacando brillo a los cromados.
- Limpiar los espejos.

Limpieza de la bañera y el plato de ducha:

- Retirar cortinas si las hubiere para que no estorben ni se manchen.
- Fregar con estropajo blanco no abrasivo toda la superficie interior.
- Fregar jaboneras por encima y debajo, grifos, desagües, frontales y baldosines, y brazo de ducha comprobando su funcionamiento.
- Aclarar con bayeta de uso exclusivo y distinta a la del inodoro y bidé humedecida en desinfectante. Secar y dar brillo insistiendo en el perfecto acabado de la grifería.
- Comprobar que no quedan restos de detergente, grasa y/o pelos.
- Colocar tapón sin enroscar en forma de arco.
- Limpiar cristal de la mampara si lo hubiera o colocar cortinas por fuera (evita formación de moho) de la bañera igualadas y cerradas sujetas por todos sus ganchos. Repaso del polvo de la barra.

Limpieza del bidé:

Proceder de igual manera que el lavabo insistiendo en los rebordes. Se empleará la misma bayeta que la del inodoro.

Limpieza inodoro:

Una vez transcurrido el tiempo de acción del producto desinfectante, realizar la acción mecánica.

- Fregar con estropajo destinado exclusivamente para su uso insistiendo en el borde interno y fondo del sifón para evitar formación de sarro. Nos ayudaremos con la escobilla.
- Fregado del exterior, tabloncillo y tapa.
- Fregado de alicatado exterior.
- Descargar cisterna y comprobar su funcionamiento.
- Aclarar y repasar con bayeta de uso exclusivo para inodoros humedecida en desinfectante.
- Repaso de portarrollos.
- Secar. Tapar y precintar si procede.

Terminación

Colocación de la lencería: según estándares de calidad.

- Toallas de felpa, en toalleros y con logotipo visto, igualadas en altura y caída. Ídem toallas de crepé o hilo (en algunos establecimientos se han sustituido por toalla de maquillaje).
- Mantas de baño, colgadas en barra o dobladas con lomo hacia fuera. Bien igualadas.
- Toallas de bidé, en toallero o dobladas.
- Alfombrín de pie de baño, doblado sobre el borde de la bañera con anagrama visto.
- Albornoces (si procede), debidamente presentados en gancho o percha, colocados con estilo y según estándares.

Colocación del material homologado:

- Colocar papel higiénico en portarrollos con empiece hacia fuera y punta doblada. Dejar otro de repuesto de la misma manera.
- Jaboncillos, al menos en el lavabo, bidé y bañera según proceda.
- Gel y champú. Gorro de ducha.
- Peine y colonia.
- Cepillo y pasta dientes.
- Bolsa higiénica, colgada cerca del W.C.
- Otros artículos, según proceda.

Terminar limpieza:

- Limpiar radiador, ventanas y puertas. Comprobar su funcionamiento.
- Barrer o aspirar y fregar suelo. Colocar papelera.

Revisión final:

Antes de salir revisar que todo queda en perfecto estado.

Dejar la puerta del baño entornada para que al entrar el cliente no encuentre diferencia de olores.

4.º Limpieza de la habitación

Limpieza general:

Limpiar todos los cajones de armarios, mesitas y muebles en general. Comprobar que las guías corren perfectamente.

Armario:

- Retirar almohadas y mantas de repuesto. Limpiar polvo con gamuza. Volver a colocar ordenadamente la ropa.
- Las almohadas o cuadrantes, con su funda limpia correspondiente.

- Las mantas, siempre dobladas en el mismo sentido (a lo ancho) y con los lomos vistos, provistas de su funda de tela o plástico.

- Limpiar polvo de barra de la ropa y zapatero.

- Colocar las perchas homologadas en un bloque o dos repartiendo el mismo número a cada lado, en cantidad y tipo estipulados por el establecimiento. Desechar aquellas que tengan algún defecto.

- Limpiar espejo si lo hay.

- Comprobar que el sofito, o punto de iluminación de interior, funciona al abrir y cerrar puertas.

- Comprobar que las llaves están en sus respectivas cerraduras y funcionan correctamente.

- Colocar en el sitio estipulado la bolsa y la hoja de pedido de lavandería con los precios incluidos.

- Cerrar las puertas y limpiar exterior de armarios especialmente tiradores y zona próxima.

Minibar:
- Descongelar si procede.

- Limpiar con bayeta húmeda todo el interior.

- Revisar que está debidamente descongelado para que haga hielo, y este pueda ser utilizado.

- Reponer según instrucciones.

- Colocar vasos limpios, posavasos y abridor según estándares.

- Colocar en sitio visible y según estándares la lista de precios y vales correspondientes.

- Cerrar la puerta, limpiar el exterior.

- Cumplimentar si procede la hoja de control de reposición.

Limpieza de terraza o balcón:
- Repasar sillas, tumbonas y mesas quitando restos de comidas y polvo.

- Limpiar barandillas.

- Colocar bien sus cojines y comprobar que se encuentran en perfecto estado.

- Comprobar que los toldos funcionan correctamente y dejarlos según costumbre.

- Repasar jardineras para eliminar hojas o flores secas y posibles colillas.

- Barrer suelo y fregar.

- Comprobar que la puerta abre y cierra correctamente.

- Comprobar que el aplique o farol de la terraza funciona.

Limpieza del polvo de todo el mobiliario:

- Por todas las superficies lisas, los marcos de cuadros, espejos, patas de muebles, cabeceros, puertas, etcétera.

  Con paño ligeramente humedecido:

  - ✓ Teléfono. Si es preciso se desinfecta con alcohol.

  - ✓ Lámparas, apliques, bombillas (las halógenas no se tocan), comprobando que funcionan.

  - ✓ Televisión (cuidado con la pantalla si es de plasma; en este caso, limpiar con bayeta de microfibra seca).

  - ✓ Espejos, cristales, ventanas, incluidos los marcos.

- Lustrar el suelo si procede. Pasar mopa si el suelo no es de moqueta.

- Cerrar ventanas. Entornar persianas comprobando su funcionamiento.

- Correr e igualar visillos y cortinas hasta la medida acostumbrada comprobando que están en perfecto estado.

- Aspirar suelo y alfombras.

- Llegando a todos los rincones y por debajo de las camas. Corriendo los muebles que sean necesarios.

Terminación

- Colocar todos los artículos complementarios según estándares de calidad.

- Eliminar los arrugados, viejos o sucios.

- Carpeta escritorio completa con sobres y papel.

- *Display* de publicidad perfectamente dotado.

- Llave o comanda de desayunos.

- Cartel de «No molestar».

- Cuadernillo de notas y lapicero.

Referencia uso telefónico.

- Cerillas y cenicero si procede (habitación de fumador).

- Folletos y revistas informativas.

- Dar un último vistazo para comprobar que todo está correcto.

- Según época del año dejar aire acondicionado para conseguir temperatura ideal.

Rellenar documentos pertinentes:

Hoja de control. OK estatus. Cambio de ropa, etcétera.

1.3.2. Proceso de la cobertura o descubierta *(Turn Down Service)*

La cobertura es un servicio que se presta en hoteles de alta categoría y consiste en preparar la habitación para la noche. Los pasos que se deben seguir son los siguientes:

Cuadro 1.6. Proceso de la cobertura.

1.º Acceder a la habitación   Proceder de manera cautelosa, según procedimientos explicados.
2.º Repasar la habitación   • Vaciar papeleras y ceniceros y retirar bandejas de comida (si hubiera).   • Repasar y reponer minibar.   • Recoger la habitación con cuidado de los objetos personales del cliente. ¡Ojo!   • Rehacer la cama si hubiera sido utilizada y cambiar las sábanas en caso de estar manchadas (si el estándar así lo indica).

3.º Abrir la cama
 	
 • Retirar la colcha de día o cubrecama y colocar bien doblada en lugar estipulado y donde no moleste.
 	
 • Abrir bien por un lado en forma de pico o retirando hacia el centro, bajando el embozo unos 20 centímetros.
 	
 Normas para abrir la cama:
 	
 Por lo general y cuando se desconoce el lado de la cama en el que va a dormir el cliente, se abrirá por el más próximo a la puerta, y si esta estuviera a los pies, el más próximo a la mesilla que tenga el teléfono.
 	
 Si el cliente ha depositado sus objetos personales, observaremos el lugar donde lo ha hecho para proceder a abrir la cama por ese lado, ya que se supone que es el que ha elegido como preferente. Lo mismo haremos en el caso de parejas.
 	
 • Dos camas juntas: abrir por los lados exteriores colocando un alfombrín en cada lado.
 	
 • Dos camas separadas por una mesilla: abrir por la parte de dentro poniendo un solo alfombrín en el centro.
 	
 • Una persona en habitación *twin*: cama que creemos va a usar o cerca del teléfono, colocar un solo alfombrín.
 	
 • Cama de matrimonio: una sola persona, proceder como en el caso anterior. Dos personas, una por cada lado.
 	
    — Colocar zapatillas a los pies del alfombrín.
 	
    — Colocar pijamas de forma estipulada y con gusto.
 	
    — Colocar cuadrante.

4.º Repasar baño

- Vaciar papelera.
- Retirar toallas húmedas y/o sucias y reponer limpias (según estándar).
- Repasar sanitarios si estuvieran mojados y/o sucios.
- Reponer dotaciones si fuera necesario.

5.º Terminación

- Colocar artículos de buenas noches: toallas decorativas, bombones, caramelos, tarjeta de buenas noches, libro, etcétera.
- Colocar tarjeta de desayuno en el lugar estipulado.
- Bajar persianas y correr cortinas.
- Encender las luces de las mesillas o apliques de la cama.
- Encender televisión o hilo musical con volumen muy bajo para dar ambiente. En algunos establecimientos este procedimiento se ha suprimido por cuestiones de ahorro energético.
- Comprobar temperatura.

1.3.3. Proceso de cambio de habitación

Un cambio de habitación se puede producir por:

1. El cliente ocupa una habitación temporalmente hasta que quede libre la que había solicitado.
2. El cliente se queja del estado de la habitación.
3. El cliente desea continuar su estancia y la habitación que ocupa está reservada por otro cliente.
4. El número de clientes que ocupan la habitación varía, es preciso trasladarse a una mayor o menor.
5. Ha surgido una avería importante y es preciso desalojar la habitación para su reparación.

El procedimiento que se debe seguir para autorizar y formalizar el cambio de habitación es el siguiente:

1.º El cliente comunica la incidencia o petición a recepción o recepción propone el cambio al cliente dependiendo del motivo o causa.

2.º Conformes ambas partes, recepción comunica el cambio al departamento de pisos, elaborando el impreso pertinente.

3.º La gobernanta organiza el cambio con el personal a su cargo.

La habitación que queda libre por un cambio se tratará como salida a los efectos de proceder a su limpieza.

Dado que un cambio de habitación supone un engorro para el cliente, proporcionaremos toda la ayuda posible para su realización.

Un cambio siempre será supervisado por la gobernanta o subgobernanta asistida por el *valet* y/o camarera de pisos. Los objetos del cliente se colocarán en la nueva habitación, de tal manera que el cliente se encuentre todo como lo tenía.

Procedimiento que se debe seguir en el cambio de una habitación de cliente

1.º Trasladar toda la ropa de cliente. La ropa de los armarios se trasladará en sus perchas. El resto, en los cajones o maleta del cliente. Siempre se colocará de la misma manera que lo tenía el cliente. No olvidaremos reponer las perchas que hemos sacado del armario de la habitación de salida.

2.º Proceder de la misma manera con el resto de objetos de mesillas, mesa, etcétera.

3.º Los objetos de valor serán trasladados por la gobernanta o subgobernanta.

4.º Trasladar objetos personales situados en el baño. Memorizar su ubicación, colocarlos en caja o similar para su traslado, llevando un orden para colocarlos de la misma manera que los tenía el cliente.

5.º Anotar en el «Parte diario de la camarera» el cambio de habitación, tanto la salida como la entrada.

1.3.4. Proceso de bloqueo de una habitación

Una habitación está bloqueada cuando por circunstancias varias no está en condiciones óptimas para su venta.

En el caso de que el problema surja cuando la habitación está ocupada por el cliente, se procederá a la inmediata solución evitando molestar a este, procediendo a un cambio de habitación si la incidencia lo requiere.

Según la duración del incidente, puede ser:

1. De corta duración (**fuera de servicio**). Unas horas o durante la jornada. En este caso la incidencia se anotará en el «Parte diario de la camarera y de la gobernanta», comunicando al servicio técnico la avería, si precisa la intervención de este. Se procurará solucionar la incidencia en el día, comunicando a recepción la situación, no formalizando el bloqueo definitivo hasta el final de la jornada.

2. De larga duración (**bloqueada**). La incidencia requiere el cierre de la habitación durante más de veinticuatro horas.

Causas de bloqueo o fuera de servicio

a) Por un imprevisto: falta de dotación de material para la limpieza, reposición de ropa de cama o baño. Averías pequeñas de fácil solución. Se solventarán en el día.

b) Por obras, reformas o averías de gran envergadura.

c) Por previsión de limpiezas generales. Organizar adecuadamente teniendo en cuenta la ocupación.

d) Por baja ocupación. En ciertas épocas del año es posible que tengamos baja ocupación; es por ello que para ahorrar costes muchos establecimientos bloquean ciertas plantas o habitaciones.

Preparación del bloqueo

En la preparación del bloqueo intervendrá el *valet*. Existen dos tipos fundamentales:

a) Avería: comunicar al servicio técnico rellenando el documento llamado «Parte de averías».

   Si la avería es de gran envergadura, se procederá a preparar la habitación, retirando la ropa de cama y baño, cortinas y todo aquello que sea susceptible de ser manchado. Proteger muebles, suelos, etc., con plásticos. Desmontar la habitación si es preciso.

b) Limpiezas generales: organizar según la planificación de limpieza de cortinas y visillos, alfombras y moquetas, abrillantado de muebles, limpieza a fondo de sanitarios, paredes, cristaleras, colchones, etcétera.

Desbloqueo

a) Proceder a retirar escombros en el caso de obras o averías de gran envergadura.

b) Retirar plásticos de protección.

c) Proceder a la colocación de muebles, lámparas, etcétera.

d) Realizar limpieza profunda.

e) Hacer camas y colocar dotación.

f) Una vez sea revisada la habitación, comunicar a recepción el desbloqueo, quedando dispuesta para su venta.

1.3.5. Proceso de tratamiento de ropa de clientes

A continuación, explicaremos el proceso de limpieza y tratamiento de ropa de clientes de forma sencilla mediante un flujograma o diagrama de flujos.

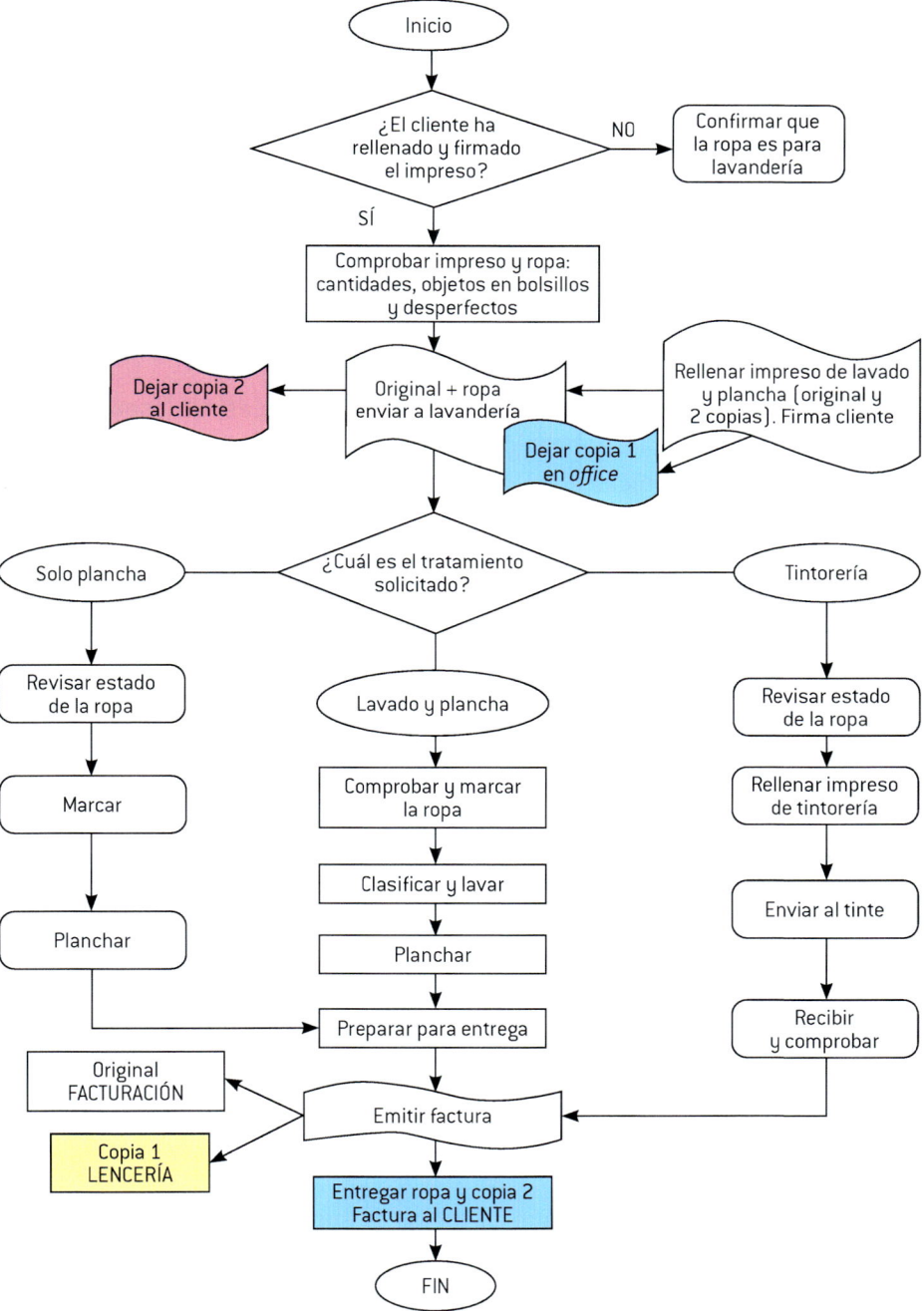

Figura 1.5. Flujograma del tratamiento de ropa de clientes.

1.3.6. Proceso de revisión de habitaciones

Es competencia de la gobernanta o subgobernanta el revisar las habitaciones limpias para dar su conformidad a recepción.

Lo ideal es revisar todas las habitaciones a diario. Sin embargo, en la mayoría de los casos el volumen de trabajo impide realizar dicha operación. Para solventar el problema, elegiremos aleatoriamente alguna habitación ocupada revisando su estado, comprobando de esta manera la eficacia del trabajo del personal.

Una habitación de salida tiene que ser siempre revisada antes de proceder a su venta. Sin la conformidad de la gobernanta la habitación no puede ser dada a un cliente.

La gobernanta anotará en su «Hoja diaria de control»:

1.º Las habitaciones que es preciso revisar en el día. Principalmente salidas.

2.º Bloqueos tanto efectivos como pendientes. A veces se desea bloquear una zona, planta o habitación en concreto para realizar reparaciones o limpiezas periódicas. Estaremos pendientes de su desocupación para organizar el bloqueo.

3.º Habitaciones vip y atenciones especiales.

4.º Petición de cunas y camas supletorias. Retirada de estas en las habitaciones de salida.

Para realizar la revisión de una habitación, es imprescindible llevar siempre el mismo orden.

EMPEZAR POR LA DERECHA Y HACER EL RECORRIDO DE FORMA CIRCULAR.

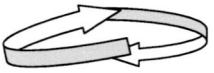

Puntos que tener en cuenta en una revisión

- Nuestro objetivo general es el mantenimiento y limpieza de todas las instalaciones.

- Se comprobará el buen estado y el correcto funcionamiento de todos los elementos e instalaciones de la habitación.

- A la vez que se llevan a cabo las tareas de supervisión y control del mantenimiento de todos los componentes de la habitación, la gobernanta efectuará también la revisión de la correcta limpieza de los elementos que a continuación se detallan:

Cuadro 1.7. Proceso detallado de revisión de una habitación de salida.

ZONAS DE USO COMÚN
Pasillos de habitaciones: comprobar la limpieza de los apliques, radiadores, extintores y placas de numeración y emergencia.

HABITACIÓN
Comprobar y verificar el buen estado de los elementos que citamos a continuación. Limpios y brillantes. Sin manchas, arañazos, golpes, etc. Ojo con los pelos sueltos. Remarcaremos aquellos puntos negros.

Zona de la puerta: sistema de apertura y cierre, puerta, tope de la puerta, pletina, mirilla, tirador o picaporte y numeración de la habitación.

Controlar que la placa de incendios está bien colgada y sin polvo.

Limpieza del marco de la puerta, en especial la parte alta.

Zona de las paredes: estado de la pintura. Cantos no golpeados. Apliques, interruptores y enchufes. Foscurit (o tejido oscurecedor), visillos y cortina, correctamente colocados. Radiadores. Ventanas y espejos sin manchas ni velos. Elementos decorativos y cuadros, sin polvo en el marco superior.

Zona del suelo: estado de la moqueta, baldosas, parquet y alfombras. Rodapié sin polvo.

Zona del armario: sistema de apertura y cierre de puertas. Repisas, barra, funcionamiento de las luces (si las hubiera). Perchas en cantidad según estándares. Altillo del armario. Apertura y cierre de cajones, comprobar que no haya quedado nada en el fondo y esquinas. Limpieza de bajos. Tiradores sin marcas de dedos.

Controlar el número correcto de mantas de repuesto y su estado.

Maletero: estado y colocación.

Zona de la mesita de noche: estado del mobiliario. Limpieza del teléfono (cable sin retorcimientos), mandos de control del aire acondicionado y del hilo musical. Lámparas, unión de la pantalla (si hubiera) oculta.

Comprobar el buen estado de los impresos (no arrugados y limpios), ordenados según estándar.

Zona del escritorio: tapicería y mobiliario. Sistema de apertura y cierre de cajones, fondo de los cajones. Papelera con fondo. Dispensadores de folletos e impresos. Accesorios correctos.

Zona de la mesa auxiliar: comprobar el funcionamiento y limpieza del televisor. Galán de noche/planchador de pantalones (si hubiera). Funcionamiento de la caja fuerte. Lámpara, mueble del televisor y elementos decorativos.

Zona de la cama: estado de la cama, canapé, colchón, ropa de cama y especialmente los bajos de la cama donde a veces no llega bien el aspirador. Esquinas bien hechas. La cama debe estar perfecta, es la pieza principal de la habitación. Cabecero sin polvo.

Zona de estar: limpieza de los sofás y especialmente detrás de los cojines (suelen aparecer monedas u objetos pequeños).

Zona del techo: comprobar el estado de la pintura, lámparas, altavoces y rejilla del aire acondicionado (en perfectas condiciones).

Equipamiento: comprobar el funcionamiento del aire acondicionado, hilo musical, luces, televisor, mando a distancia del televisor, teléfono, planchador (si lo hubiera).

Minibar:

- Comprobar limpieza del interior del mueble, vasos (sin huellas) y dotaciones.
- Supervisar el buen funcionamiento del minibar y verificar la correcta limpieza.

Si las operaciones de reposición las realiza el departamento de pisos:

Controlar que la reposición del minibar se ajuste a las dotaciones establecidas según normas del establecimiento, prestando especial atención a los siguientes aspectos:

- ✓ Que no existan botellas vacías.
- ✓ Que haya abrebotellas y que esté en buen estado.
- ✓ Que las cubiteras (si las hubiera) contengan agua y estén en buen estado.
- ✓ Que los vasos y copas sean iguales.
- ✓ Ausencia de productos caducados y latas con golpes.
- ✓ Buen estado de las blondas o posavasos.

BAÑO

Zona de la puerta: sistema de apertura y cierre, puerta, tope de la puerta, manija y pletina. Limpieza de la puerta por ambos lados.

Zona de lavabo: comprobar la grifería (cerciorándose de que hay agua caliente y fría y de que el chorro es suficiente)*. Tapones, cadena colocada correctamente, repisa, toalleros y toallas bien alineadas. Funcionamiento del secador y teléfono y cables sin retorcimientos. Espejo sin manchas de dedos ni velo. Espejo de aumento (si hubiera), en perfecto estado. Papelera sin marcas. Bajos de la encimera.

Zona de WC: comprobar funcionamiento de la cisterna/fluxómetro y anclaje correcto del váter. Tapa y asiento, en perfecto estado. Tacos y bisagras de la tapa, sin suciedad alrededor. Papel higiénico colocado correctamente en su portarrollos, además de papel de repuesto. Limpieza de los colgadores.

Zona del bidé: comprobar su anclaje. Comprobar la grifería (cerciorarse de que hay agua caliente y fría)*. Cadena y tapón colocados correctamente. Toallero y toallas correctas, bien alineadas.

Zona de la bañera: comprobar la grifería (cerciorándose de que hay agua caliente y fría y de que el rociador no se encuentra obstruido)*, tapón, cadena, repisa, juntas de la bañera sin moho, juntas de los azulejos. Anillas/ganchos y ojales de la cortina (si hubiera), correctos. Limpieza de la cortina, sin manchas ni moho en parte inferior. Mampara, sin gotas ni manchas de cal. Barra, perchero, toallero y taburete. Comprobar que la jabonera esté sin agua.

Dotaciones, conforme a estándares de calidad, en cantidad adecuada y colocados según se establezca.

Zona del techo: estado de la pintura, trampilla, luces empotradas y altavoces (sin polvo ni pelusas). Ausencia de bichos y telarañas. Vigilar la buena limpieza de la rejilla de salida de aire.

Zona de las paredes: comprobar azulejos, especialmente las zonas cercanas a los sanitarios, brillantes y carentes de salpicaduras. Radiadores, enchufes e interruptores (sin marcas de dedos o grasa).

Zona del suelo: buen estado de las baldosas, juntas y tapa del bote sifónico.

Ausencia de cabellos, especialmente en las esquinas y detrás de la puerta.

TERRAZA

Cerciorarse del correcto funcionamiento del sistema de apertura y cierre de la puerta.

Comprobar el mobiliario, las jardineras (sin colillas ni hojas secas), cristales (sin marcas), barandilla, techo, paredes, rodapié, desagües del suelo (perfectamente limpios), toldos y apliques.

DOTACIÓN

Conforme a los estándares que establezca cada establecimiento, comprobar la cantidad adecuada y la colocación exacta según lo establecido.

Se prestará especial atención a la vigencia de los impresos (caducidad de folletos promocionales, logotipos fuera de uso, etcétera).

(*) En el caso de que para comprobar el funcionamiento correcto de la grifería sea necesario abrir los grifos, tendremos que comunicárselo a la camarera para que seque lo que se haya podido salpicar o mojar. Normalmente y debido al volumen de trabajo, confiamos en que la camarera haya comprobado el correcto funcionamiento, limitándonos exclusivamente a comprobar su estado exterior.

1.3.7. Proceso de planificación de limpiezas generales y conservación

El programa de **limpieza y conservación** tiene la finalidad de garantizar la limpieza, acondicionamiento y buen funcionamiento de los distintos elementos que forman parte de la habitación (mobiliario, equipos y dotaciones de baja reposición) y de las distintas dependencias del establecimiento. Permite mejorar la calidad de las habitaciones e instalaciones del establecimiento obteniendo de esta manera un mayor índice de satisfacción del cliente.

La gobernanta presentará a la dirección, para su aprobación, un *planning* de limpieza que seguir en el establecimiento en el que se incluye la frecuencia y las fechas en las que los distintos elementos de la habitación y dependencias deberán ser acondicionados. Este *planning* incluirá limpieza a fondo de algún elemento, relleno de las almohadas, encerado especial, etcétera.

Para la confección de dicho *planning* y establecer la frecuencia (una, dos o tres veces al año, al mes, etc.) en que se deben realizar las operaciones correspondientes se tendrán en cuenta criterios como el estado de los elementos a acondicionar / limpiar, el material en reserva para poder efectuar las reposiciones que se precisen u otras peculiaridades del establecimiento (cercanía del mar, materiales y personal disponible, etcétera).

El planning *preestablecido será de obligado cumplimiento, aunque un nivel de ocupación inusual u otros imprevistos diversos pueden hacer alterar dicho* planning *de forma excepcional.*

PROCEDIMIENTO	ELEMENTO	PROCEDIMIENTO	ELEMENTO
Lavado	Cubrecanapé o somier Funda del colchón Cubrecolchón (mínimo cada cuatro meses) Manta (y cambio) Almohada (relleno) Almohada (funda interior) Visillos Cortinas de baño	Descongelar y limpiar	Minibar
Aspirado y limpieza tapicería. Cambiar posición y cama	Canapé	Abrillantado	Metales
Aspirado y limpieza. Dar la vuelta, cambiar de cama	Colchón	Aspirar y limpiar	Cabeceros de camas
Aspirado. Ignifugado. Limpieza en seco o lavado	Cortinas. Tratamientos específicos (mínimo una vez al año)	Aspirar y fregar	Pantallas
Limpieza	Foscurit rit (o tejido oscurecedor) Cristales y marcos TV y aparatos eléctricos Apliques Rejillas ventilación	Fregado	Maletero Armarios Puertas Altillos
Limpieza y peinado	Alfombras Moqueta	Actualización	Impresos

Figura 1.6. Ejemplo de elementos que se deben acondicionar/limpiar en las habitaciones.

1.4. Métodos de trabajo: la planificación del trabajo. Métodos de mejora de la producción

Para planificar los métodos de trabajo y el personal necesario para desarrollar los mismos es preciso tener en cuenta lo siguiente:

a) **Total habitaciones**. Además del número total de habitaciones hay que conocer la tipología derivada de sus dimensiones y número de camas: doble (*Twin, Queen, King*), doble con salón, individual, doble uso individual, triple (cuna o supletoria), cuádruple y suite.

b) **Ocupación** prevista y real. Es necesario tener una previsión anual (tendremos en cuenta además el histórico), mensual, semanal y diaria. Es el punto más importante a la hora de calcular la plantilla. Además, tendremos en cuenta la estancia media por cliente para ser equitativos en el reparto de tareas y organización del cambio de ropa y limpieza extra.

c) **Categoría del establecimiento y servicios que se prestan**. Cambio diario o periódico de ropa cama y baño, cobertura, servicios extras.

d) **Dimensiones de la zona noble.** La zona noble puede ser atendida por personal de la categoría de camarera de pisos que, en casos de necesidad, ayudará en la zona de habitaciones.

e) **Dimensiones de la zona interna o de personal.** Para distribuir el trabajo, hay que tener en cuenta los metros cuadrados, el mobiliario existente y el tránsito de personas.

f) **Turnos.** Los turnos del departamento de pisos dependen principalmente de los servicios que hay que prestar en el establecimiento, es decir, «necesidades del servicio». En apartados posteriores explicaremos detalladamente cómo se planifican y estructuran.

g) **Índice de arreglo**, es decir, el número de habitaciones que limpia diariamente una camarera. Para su cálculo, explicaremos algunos métodos basados en la observación, cronometraje y ergonomía, además de tener en cuenta no solo el tiempo medio que tarda en hacer una habitación tipo una camarera, sino los tiempos perdidos, de descanso y la realización de otras tareas propias de su cargo.

No se puede establecer un número determinado ya que depende del tipo de establecimiento y de numerosos factores: metros cuadrados de la habitación, tipos de cama, de colchones y de ropa para vestir la cama, tipo de suelo, frecuencia cambio de ropa, existencia o no de *valets* o auxiliares, personal especializado en tareas de limpieza de cristales y moqueta, encargado-reponedor del minibar, etcétera.

En hoteles de alta categoría y en muchos de ellos estipulado por convenio, el número de habitaciones que realiza una camarera diariamente viene siendo de 10 a 11. En otro tipo de establecimientos la media va de 12 a 15 habitaciones, llegando incluso a 20-25 en algunos casos de verdadera sobreexplotación.

Para un hotel de ciudad de cuatro estrellas, la media podría ser de 12 a 14 habitaciones. Actualmente la tendencia es incrementar el número de habitaciones a realizar en detrimento de la calidad del servicio y la salud de los trabajadores.

h) **Estacionalidad**. El aumento o disminución de la ocupación dependiendo de la época del año es algo muy habitual en los establecimientos de alojamiento. Nos marcará la cantidad de personal a contratar y los tipos de contrato, así como la disponibilidad para dar días libres, de descanso y vacaciones al personal.

i) **Tipos de clientes**. Depende un poco de la categoría del hotel. Por lo general, los clientes de establecimientos de alta categoría requieren cierta personalización en sus servicios, son caprichosos en sus peticiones, lo que hace que el tiempo invertido en su atención se vea aumentado. Los grupos dificultan el servicio de limpieza, ya que todos ocupan y dejan libre la habitación a las mismas horas.

j) **Legislación laboral**. La normativa condiciona el cálculo de personal. Siempre hay que tener en cuenta lo que establece el Convenio Colectivo del Sector Hospedaje o el de la propia empresa donde desarrolle su actividad.

k) **Edad media de la plantilla**. Hay establecimientos que cuentan con una plantilla cuya edad media supera los 45 años. Por un lado, tiene la ventaja de la gran experiencia del personal, pero por otro, las bajas producidas por lumbalgias, lesiones, etc., son mayores. Plantillas más jóvenes en edad de tener hijos, también dificultan la planificación por las licencias o permisos de preparación al parto, bajas por maternidad, y reducción de jornada, además de tener preferencia para disfrutar festivos y fines de semana.

1.5. Métodos de medición de la actividad productiva

Realizar la medición de la actividad productiva es bastante complejo. Será la gobernanta la que determine las funciones que hay que realizar por cada categoría profesional siendo equitativa en el reparto de tareas, conociendo en profundidad no solo la complejidad de cada tarea, sino el desarrollo de una jornada de trabajo según la categoría del establecimiento, teniendo en cuenta además el material y dotación con los que se cuenta, los servicios que se prestan y las horas adecuadas para no interferir en el descanso y disfrute de los huéspedes.

A continuación, vamos a explicar varios métodos de medición. La eficacia en el resultado final viene dada por una mezcla de todos y cada uno de ellos.

1.5.1. Medición de tiempos. Cronometraje

Un método muy empleado para determinar el número de habitaciones que debería realizar diariamente una camarera es el de cronometraje.

Este método por sí solo no es efectivo, ya que hay que tener en cuenta el resto de actividades que hay que realizar durante una jornada de trabajo, incluidos los tiempos perdidos y de descanso, la ocupación media y el tipo de habitaciones y su estado.

Para determinar el tiempo que se tarda en realizar una habitación, elaboraremos un estudio a cinco camareras cronometrando los tiempos empleados. Tendremos que seleccionar el tipo de habitación y su estado, y hallar una media de cada una.

Como ejemplo, indicaremos el estudio-cronometraje de la limpieza de una habitación doble de salida de un hotel de alta categoría.

N.º OBSERVA.	TAREAS	1. Tiempo Cronometraje	2. Actividad	3. Tiempo Resultante	4. Tiempo Normal	5 Suplemento	6. Tiempo Tipo
1.	Airear. Retirar basura, ropa cama y baño, y objetos olvidados a carro. Colocar material y ropa cama/baño en habitación. Comprobar averías.				4,14	13 %	4,68
C1		3	130	3,9			
C2		4	100	4			
C3		3,5	125	4,4			
C4		4	100	4			

N.º OB-SERVA.	TAREAS	1. Tiempo Cronometraje	2. Actividad	3. Tiempo Resultante	4. Tiempo Normal	5 Suplemento	6. Tiempo Tipo
C5		3,5	125	4,4			
2.	Hacer camas.				10,68	13 %	12,07
C1		11	100	11			
C2		10	100	10			
C3		8	130	10,4			
C4		10	100	10			
C5		12	100	12			
3.	Baño: limpieza sanitarios Reponer dotación y acogida. Aspirar y fregar.				12,32	13 %	13,92
C1		12	100	12			
C2		14	90	12,6			
C3		13	100	13			
C4		15	80	12			
C5		12	100	12			
4.	Limpieza habitación: mobiliario, minibar, televisión, complementos, teléfono, puerta, etcétera.				5,26	13 %	5,94
C1		6	90	5,4			
C2		5	100	5			
C3		5,5	100	5,5			
C4		5	100	5			
C5		6	90	5,4			
5.	Limpieza suelo. Aspirar y fregar.				3,26	13 %	3,68
C1		3	100	3			
C2		3	110	3,3			
C3		2,5	120	3			
C4		3,5	100	3,5			
C5		3,5	100	3,5			

N.º OB-SERVA.	TAREAS	1. Tiempo Crono-metraje	2. Actividad	3. Tiempo Resultante	4. Tiempo Normal	5 Suple-mento	6. Tiempo Tipo
6.	Acabado. Detalles bienvenida. Reposición. Ambientar, luces, cortinas. Última revisión. Rellenar documentos.				2,62	13 %	2,96
C1		3	90	2,7			
C2		2	120	2,4			
C3		2,5	100	2,5			
C4		3	100	3			
C5		2,5	100	2,5			
	TOTAL						43,25

Figura 1.7. Ejemplo de cronometraje de una habitación de salida de un hotel de alta categoría.

METODOLOGÍA: partiendo del estudio realizado a cinco camareras.

1. Tiempo cronometraje: consiste en descomponer la actividad en operaciones elementales y cronometrar el tiempo invertido en cada una de ellas. En el ejemplo hemos dividido la actividad en seis partes o bloques elementales.

2. Actividad: se entiende por actividad normal la que realiza un trabajador medio a un ritmo también medio, es decir, ni lento ni rápido. El nivel de actividad se mide valorando la actividad según los parámetros siguientes.

Cuadro 1.8. Parámetros medición niveles de actividad.

Inactividad	0	
Bajo nivel actividad	50	Movimientos torpes, inseguros.
Actividad lenta	75	Movimientos lentos pero sin perder el tiempo.
Actividad normal	100	Normal.
Actividad rápida	125	Muy activa con buena coordinación de movimientos.
Muy rápida	+125	Excepcionalmente rápida.

Hemos de observar que la valoración de la actividad es algo subjetivo. Por otro lado, un mismo trabajador puede tener una cierta valoración alta en una tarea, porque le gusta o se le da bien, y baja en otra que no es de su agrado, o porque está cansado o tiene alguna dolencia que le impide desarrollarla con normalidad.

También tenemos que tener en cuenta que, aunque la valoración de la actividad y el tiempo invertido están directamente relacionados, es decir, si tenemos una actividad lenta seguramente tardaremos más tiempo en realizar una tarea, no siempre es así, ya que muchas veces una camarera es activa y tarda más tiempo en realizar una tarea porque es más detallista en sus labores.

3. Tiempo resultante: consiste en realizar la siguiente operación.

> Tiempo cronometrado × Actividad/100

4. Tiempo normal: se obtiene hallando la media aritmética de los tiempos resultantes.

$$\text{Observación N.º 1} = \frac{3,9 + 4 + 4,4 + 4 + 4,4}{5} = 4,14$$

5. Suplemento: es el porcentaje que incorporamos al tiempo normal como consecuencia de que cualquier trabajador necesita reponerse de su actividad, tiene necesidades personales, interrupciones, etcétera.

La Organización Internacional del Trabajo marca algunos suplementos:

a) **Constantes**:

1. Suplemento por necesidades personales: hombres 5 % y mujeres 7 %.

2. Suplemento base por fatiga: hombres y mujeres 4 %.

b) **Variables**: citaremos algunas a modo de ejemplo.

1. Por trabajar de pie: hombres 2 %. mujeres 4 %.

2. Postura anormal: de 0 a 7 %.

3. Uso fuerza/energía muscular: de 0 a 22 %.

4. Mala iluminación: de 0 a 5 %.

5. Condiciones atmosféricas: de 0 a 100 %.

6. Concentración intensa: de 0 a 5 %.

7. Ruido: de 0 a 5 %.

8. Tensión mental: de 1 a 8 %.

9. Monotonía: de 0 a 4 %.

10. Tedio: de 0 a 5 %.

Para el ejemplo, y teniendo en cuenta que la mayoría de los trabajadores de pisos son mujeres y el tipo de trabajo que realizan (posturas anormales, uso de fuerza, monotonía, etc.), estimaremos como media un 13 %.

6. Tiempo tipo: es el resultante del tiempo normal más el suplemento.

Como ya hemos comentado, es preciso estudiar y cronometrar los tiempos empleados en la limpieza y arreglo de todas las tipologías de habitaciones y realizar una media para el reparto equilibrado de la tarea diaria de una camarera. Establecer un tiempo medio como único criterio no es del todo acertado, ya que en muchas ocasiones una habitación de salida puede ocuparnos mucho menos tiempo que una de cliente. Una *suite* posiblemente nos llevará el doble de tiempo que una doble. El equilibrio se encuentra en el conocimiento del tiempo medio empleado en cada tipo de habitación y las contingencias diarias.

1.5.2. Métodos basados en la ergonomía

Según la **Asociación Internacional de Ergonomía**: «La ergonomía es el conjunto de conocimientos científicos aplicados para que el trabajo, los sistemas, productos y ambientes se adapten a las capacidades y limitaciones físicas y mentales de la persona».

Según la **Asociación Española de Ergonomía**: «La ergonomía es el conjunto de conocimientos de carácter multidisciplinar aplicados para la adecuación de los productos, sistemas y entornos artificiales a las necesidades, limitaciones y características de sus usuarios, optimizando la eficacia, seguridad y bienestar».

Los principales objetivos de la ergonomía y de la psicología aplicada son los siguientes:

Identificar, analizar y reducir los riesgos laborales (ergonómicos y psicosociales).

Adaptar el puesto de trabajo y las condiciones de trabajo a las características del operador.

Contribuir a la evolución de las situaciones de trabajo, no solo bajo el ángulo de las condiciones materiales, sino también en sus aspectos socioorganizativos, con el fin de que el trabajo pueda ser realizado salvaguardando la salud y la seguridad, con el máximo de confort, satisfacción y eficacia.

Controlar la introducción de las nuevas tecnologías en las organizaciones y su adaptación a las capacidades y aptitudes de la población laboral existente.

Establecer prescripciones ergonómicas para la adquisición de útiles, herramientas y materiales diversos.

Aumentar la motivación y la satisfacción en el trabajo.

*Fuente: Asociación Española de Ergonomía

Existen algunos factores clave para reducir la frecuencia de las lesiones y enfermedades profesionales en el sector de la hostelería:

- Diseño adecuado.

- La formación periódica.

- Los procesos de trabajo estandarizados.

- Adecuada supervisión.

Medidas ergonómicas para la mejora del puesto de camarera de pisos

1. Incorporación de carros de pisos más ligeros y con ruedas rotativas. A ser posible, con motor incluido.

2. Incorporación de cubos para fregar con ruedas, de poco peso y volumen y sistemas de escurrido tipo prensa.

3. Incorporación de productos de limpieza efectivos que nos ayuden a reducir la acción mecánica del proceso de limpieza.

4. Incorporación de tolva para evacuado de ropa sucia y de basura y jaulas con ruedas.

5. Incorporación de maquinaria menos pesada y con sistemas que permitan no agacharse o elevar los brazos por encima de los hombros para realizar la tarea.

6. Montaje de camas con colchones menos pesados y con asas.

7. Incorporación de camas con ruedas o elevables (preferiblemente).

8. Disminución de ropa para vestir la cama. Eliminación de colchas y mantas pesadas.

9. Reevaluación de los tiempos de trabajo.

10. Tener en cuenta el equilibrio en el reparto de tareas (habitaciones de salida, ocupadas y libres).

11. Organizar adecuadamente la plantilla teniendo en cuenta la previsión de ocupación, evitando aumentos de jornada y reparto de tareas excesivas.

1.5.3. Métodos basados en la experiencia

Este método es el más simple de todos los expuestos hasta el momento y el que más se emplea en el sector. Aplicado por personas con mucha experiencia y conocimientos, pero de manera totalmente subjetiva.

Existe un método muy preciso y que podría reforzar la experiencia llamado «observación» que junto al cronometraje, o toma de tiempos, y con un buen estudio y análisis final puede tener muy buenos resultados de optimización de tiempos.

1.5.4. Estimación y asignación de tiempos

Podríamos decir que es el resultado de la aplicación de los métodos explicados anteriormente que refuerzan y dan validez a la experiencia.

Consiste en delimitar todos los procesos necesarios para garantizar la prestación del servicio con una secuencia coherente dentro de la jornada laboral.

Para ello tendremos que tener en cuenta los siguientes puntos:

1.º Establecer los procesos necesarios para prestar el servicio conforme a la organización del establecimiento y los servicios que este ofrece.

2.º Establecer la secuencia de los procesos de manera ordenada teniendo en cuenta no solo las tareas que hay que realizar, sino las horas adecuadas para prestarlos, la no interferencia en el descanso y disfrute del cliente, las necesidades de descanso del personal, los tiempos perdidos, la atención a peticiones de los clientes, etc.

3.º Cálculos de tiempos de los procesos teniendo en cuenta posibles fluctuaciones en estos derivadas de las posibles contingencias.

4.º Cálculos de posibles desviaciones y análisis de su justificación.

5.º Establecimiento de la estimación final intentando conseguir el mayor aprovechamiento de la jornada.

Estimación de tiempos

En el caso del trabajo del área de pisos, podemos además de planificar las tareas con una secuencia ordenada conocer los resultados de medición de tiempos que nos ayudarán a la estimación y asignación de tiempos de manera adecuada.

A continuación, se detallan algunos ejemplos de estimación de tiempos que nos pueden ayudar a planificar el trabajo diario del personal a nuestro cargo.

Resultado del cronometraje de la limpieza y puesta a punto de habitaciones en hoteles de tres a cuatro estrellas.

TIPO HABITACIÓN Y ESTADO	MINUTOS
LIBRE Doble	6
LIBRE Doble / Salón	8
LIBRE Suite	10
OCUPADA Doble	15
OCUPADA Doble / Salón	25
OCUPADA Suite	35
SALIDA Doble	25
SALIDA Doble / Salón	35
SALIDA Suite	50

Resultado del cronometraje de la limpieza y puesta a punto de habitaciones en hoteles de cinco estrellas:

TIPO HABITACIÓN Y ESTADO	MINUTOS
DOBLE SALIDA	45 a 50
DOBLE OCUPADA	25 a 30
HACER UNA CAMA	De 5 a 8 minutos
HACER UN BAÑO	De 12 a 14 minutos

Para los supuestos de limpieza y puesta a punto de zonas comunes y de personal ocurre lo mismo. Si conocemos la medición de tiempos según metros cuadrados que hay que limpiar teniendo en cuenta la tipología de superficies y la acción que es preciso realizar, podremos hacer una buena planificación del trabajo.

A continuación, vamos a exponer el resultado del cronometraje de limpiezas propias de zonas comunes, oficinas y aseos que nos ayudarán a planificar el trabajo asignando tiempos coherentes.

A) Limpieza de zonas comunes

Resultado del cronometraje de limpieza del mantenimiento diario de zonas comunes según el tipo de superficie, la acción que se va a desarrollar y el tiempo aproximado para una superficie de cien metros cuadrados.

MANTENIMIENTO DIARIO		
SUPERFICIE	ACCIÓN	TIEMPO APROXIMADO (100 m²)
PAVIMENTOS		
Suelos duros.	Desempolvado.	10 a 15 minutos.
Suelos duros.	Barrido húmedo.	10 a 15 minutos.
Suelos duros.	Fregado simple.	15 a 25 minutos.
Suelos duros.	Fregado con doble cubo.	30 a 50 minutos.
Tarima o parquet.	Desempolvado.	10 a 15 minutos.
Textiles.	Aspirar.	20 a 30 minutos.
Cristales.	Limpiar y secar.	2 a 3 horas.
MOBILIARIO		
Metálicos.	Desempolvar.	30 minutos.
Metálicos.	Abrillantar.	2 a 3 horas.
Madera.	Desempolvar. Abrillantar. Limpiar.	50 minutos.
Textiles.	Aspirar.	1 hora.

Resultado del cronometraje de limpieza de mantenimiento periódico de zonas comunes según el tipo de superficie, la acción que se va a desarrollar y el tiempo aproximado para una superficie de cien metros cuadrados.

MANTENIMIENTO PERIÓDICO. Según desgaste y suciedad acumulada		
SUPERFICIE	ACCIÓN	TIEMPO APROXIMADO (100 m^2)
Mármol o terrazo.	Fregado ligero.	1 hora.
Mármol o terrazo.	Cristalizado.	4 a 5 horas.
Pizarra o barro cocido.	Fregado ligero.	1 hora.
Pizarra o barro cocido.	Abrillantado con emulsión acrílica.	2 horas.
PVC, linóleo o caucho.	Fregado ligero.	1 hora.
PVC, linóleo o caucho.	Abrillantado con emulsión acrílica.	2 horas.
Textiles.	Champuneado.	1 hora y 10 minutos.
Textiles.	Inyección-extracción.	1 hora y 20 minutos.
Textiles.	Batido en seco.	1 hora y 20 minutos.
Textiles.	Lavado con rotativa.	1 hora y 30 minutos.

B) Limpieza de mobiliario de oficinas

Resultado del cronometraje de limpieza de oficinas desglosado por puesto.

SUPERFICIE	ACCIÓN	TIEMPO BASE (por puesto de trabajo)
Madera (mueble).	Desempolvar y abrillantar.	3 minutos
Cuero textil (asientos).	Limpiar y desmanchar.	7 minutos.
Recubrimientos plásticos (teléfonos, ordenadores, etc.)	Lavar, desinfectar, desmanchar y/o limpiar.	2 minutos.
Cristales, metacrilato y metálicos.	Limpiar, secar y abrillantar.	3 minutos.
Accesorios (papeleras, vasos, ceniceros).	Limpiar y retirar residuos.	1 minuto.
		Total: 17 minutos por puesto.

C) Limpieza de aseos

Resultado del cronometraje de limpieza de aseos desglosado por unidades.

SUPERFICIE	ACCIÓN	TIEMPO BASE (por unidades)
Puerta, azulejos o mampara.	Limpiar y secar.	1 minuto.
Cristal y espejo.	Limpiar y secar.	1 minuto.
Lavabo.	Limpiar y desinfectar.	2 minutos.
Ducha o Bañera.	Limpiar y desinfectar.	2 minutos.
Bidé.	Limpiar y desinfectar.	2 minutos.
Inodoro o urinario.	Limpiar y desinfectar.	3 minutos.
Suelo.	Fregado/desinfección.	1 minuto.
Dotaciones (papel, jabón, etc.)	Reponer.	1 minuto.
		Total: 15 minutos.

Análisis del aprovechamiento de los tiempos de la jornada laboral

Una vez establecidas las tareas que debe realizar el personal y el tiempo estipulado en la realización de cada una de ellas, es conveniente analizar el aprovechamiento de la jornada para corregir desviaciones.

Se procede a determinar cada uno de los tiempos de la jornada Laboral teniendo en cuenta la estructura de la misma. En la siguiente tabla se presenta el resumen de los tiempos presentes en las observaciones iniciales del día completo durante al menos tres días de trabajo de una camarera.

MUESTRA	1.TPC	2. TDNP	3.TP	4.TIRTO	5.TT	6.JL	7.AJL
DÍA 1	85	35	42	5	313	480	100 %
DÍA 2	90	40	30	10	300	470	98 %
DÍA 3	80	30	45	5	320	480	100 %
Promedio	85	35	39	6,6	311	476,6	99,29%

1. TPC: tiempo preparativo consultivo. Fichar, uniformarse, recoger parte de trabajo y llaves maestras, reunión con la gobernanta, entrega de la ropa

sucia y recogida de la limpia, recogida del *office*, preparación del carro, entrega del parte, objetos olvidados y llaves.

2. TDPN: tiempo de descanso y necesidades personales. Incluye los treinta minutos de descanso reglamentario, ir al aseo, etc.étera

3. TP: tiempo perdido. Llevar y traer carro al *office* en las paradas técnicas, desplazamientos de una zona a otra, etcétera.

4. TIRTO: tiempo de interrupciones técnicorreglamentadas. En este apartado se incluyen aquellas tareas propias de la atención personal a clientes.

5. TT: tiempo de trabajo destinado a la limpieza y preparación de habitaciones y zonas comunes.

6. JL: jornada laboral total.

7. AJL: aprovechamiento de jornada laboral = JL/480.

Como podemos observar, en el ejemplo el aprovechamiento medio de la jornada laboral es óptimo, ya que se refleja un 99,27 %. Los TDPN entran dentro de la normalidad. Los TP podrían reducirse analizando las causas y creando mecanismos que los reduzcan.

1.6. Elaboración de planes de trabajo del departamento de pisos

Es competencia principal de la gobernanta elaborar los planes de trabajo diario, semanal, mensual y anual. Los planes se elaboran con bastante antelación y en muchos casos deben estar supervisados y autorizados por la dirección del establecimiento por el coste que suponen en cuanto a compras de material o suministros, alquiler de material y contratación de personal extra y servicios externos de personal cualificado (cristalero, tapicero, desinfección, desinsectación y desratización, etcétera).

La gobernanta tiene relación con todos los departamentos del establecimiento especialmente con recepción, que es el centro de información principal.

La información general que proporciona recepción a la gobernanta se centra principalmente en la ocupación y peticiones especiales de los clientes. Es lo más importante, ya que lo que principalmente vendemos son habitaciones.

La información que requiere **a diario** el departamento de pisos para su buen funcionamiento la podemos resumir en tres partes divididas a lo largo de la jornada. Esta información será recíproca en algunos casos.

PRIMERA HORA DE LA MAÑANA. Nos ayuda a formalizar la organización prevista.

1. Clientes pernoctados: nos indica la cantidad de habitaciones que hay que limpiar y el reparto que haremos con el personal que contamos.

2. Salidas previstas: planificación del trabajo de las camareras atendiendo las preferencias de ocupación.

3. Número de personas que ocupan la habitación: nos ayuda a organizar la previsión de ropa y dotaciones.

4. Fecha de entrada y salida: dato imprescindible en aquellos establecimientos donde no se cambia la ropa a diario. Nos servirá para planificar el cambio y suministro de ropa.

5. Solicitud de camas supletorias y cunas: planificar para organizar el trabajo del *valet* o mozo y controlar la dotación existente.

6. Grupos: previsión de trabajo de las camareras, atención a las horas de llegada y salida.

7. Clientes vip: previsión de atenciones especiales.

8. Llegadas previstas: previsión en organización del trabajo.

9. Entradas después del cierre: importante anotar en el *planning* de trabajo para asignar su limpieza.

10. No *shows*: es importante tener en cuenta para realizar un repaso a primeras horas.

11. Entradas a primera hora. Anotaremos en el parte de trabajo para su repaso.

DURANTE LA JORNADA. Nos obliga a una planificación rápida y modificación de lo previsto a primeras horas.

1. *Day use.* Cada vez son más los hoteles que se venden por horas. Se considera una habitación de salida y nos hace modificar la planificación inicial de la mañana si no se ha previsto con tiempo.

2. Salidas imprevistas. Trabajo que no estaba previsto y que modifica la planificación inicial. Se anotará en el parte de trabajo de la camarera para su organización personal de trabajo.

3. *Stay over.* Salidas que no se efectúan en el día u hora previstos. Anotar en el parte diario de la camarera para su organización.

4. *Late check out.* Anotar para proceder a su limpieza según normas.

5. Salidas no efectuadas. Revisar para su control y limpieza.

6. *Show rooms.* Es necesario realizar un repaso.

7. Cambio de habitaciones. Anotaremos en el parte de la camarera para que, una vez efectuado el cambio, la considere habitación de salida. Además, comunicaremos a la subgobernanta y al mozo para realizar las acciones oportunas.

8. Bloqueos temporales. Producidos por situaciones que no nos permiten dar conformidad al estado de la habitación.

9. Facturación del minibar y de la lavandería. Según proceda.

10. Peticiones clientes. Clientes enfermos.

11. Objetos olvidados.

FINAL JORNADA. Es preciso cotejar la información de los dos departamentos.

1. Status de cada habitación: ocupada, libre, bloqueada, *sleep out,* ocupada sin equipaje, salida con equipaje, *sleeper,* pendiente de limpiar.

2. Número de personas por habitación.

3. Bloqueos y desbloqueos definitivos.

Como hemos podido observar. la planificación de trabajo de las camareras de pisos es compleja y puede variar a lo largo del día.

Por otro lado, tenemos que planificar el trabajo de los mozos o *valets* que se verá afectada por las contingencias que surgen en el día.

En cuanto a la limpieza de la zona noble e interna, podemos tener una planificación ya establecida según horarios y que se verá afectada por la ocupación de salones y eventos que se produzca en el establecimiento.

HORA	TAREA	ESTADO
06,00	*Hall,* recepción, ascensores.	
	Puerta y escalera principal.	
	Aseos comunes.	
07,00	Oficina de la zona noble.	
08,00	*Business Center.*	
09,00	Repaso de salones.	
10,00	Repaso *hall,* recepción, ascensores y aseos.	
10,30	DESCANSO.	
11,00	Repaso bar.	
11,30	Repaso restaurante.	

12,00	Repaso gimnasio.	
	Dorados y metales.	
	Tapicería. Extras.	
13,30	Repaso *hall,* recepción, ascensores y aseos	
14,00	Fin de la jornada.	

Figura 1.8. Ejemplo de reparto del trabajo diario de una auxiliar de limpieza o camarera de la zona noble. Turno de mañana.

HORA	TAREA: LIMPIEZA MANTENIMIENTO DIARIO Y PERIÓDICO	ESTADO
23,00	Limpieza de los salones.	
00,00	Limpieza de los aseos comunes.	
01,00	Limpieza de la zona de acceso al hotel.	
02,00	Limpieza del bar y restaurante.	
03,00	Oficinas de la zona común	
03,30	DESCANSO.	
04,00	Gimnasio y peluquería.	
05,00	Zona personal (placares aseos y portería)	
06,00	Extras.	
07,00	Fin de la jornada.	

Figura 1.9. Ejemplo del reparto del trabajo diario de una auxiliar de limpieza. Turno de noche.

La planificación del departamento de lavandería-lencería dependiendo del tamaño del establecimiento estará a cargo de la encargada general.

En general, consiste en organizar el lavado y tratamiento de la ropa del establecimiento, de clientes y de personal (uniformes).

Podemos establecer un horario de entrega y recogida de ropa de personal a primera y última hora de la jornada para atender a los diversos turnos.

A primera hora finalizaremos las tareas pendientes del día anterior. Pasaremos a recoger, comprobar, contar y clasificar la ropa sucia. Organizaremos el proceso de las máquinas de manera coherente teniendo en cuenta los tiempos. Lavado-secado-planchado. Por último, clasificaremos la ropa para su almacén y distri-bución.

1.7. Estimación de necesidades de recursos humanos y materiales

1.7.1. Estimación de necesidades de recursos humanos

La estimación de recursos humanos viene determinada por el tipo de organiza-ción del establecimiento, servicios que se prestan y áreas que tienen que ser atendidas. La tendencia actual de los sistemas de organización van encamina-das hacia la externalización de todos los servicios relacionados con el depar-tamento de pisos, desde la contratación externa de suministros y limpieza de ropa, la prestación de servicios especializados (cuidado y limpieza de tapicería, limpieza de cristales, jardinería, decoración, etc.), la contratación de camareras de pisos y auxiliares de limpieza a través de empresas de empleo temporal, reduciendo considerablemente la plantilla fija, hasta la externalización total del departamento. Todo ello, en detrimento del servicio que se presta.

Para calcular los recursos humanos, dividiremos el departamento en bloques o áreas. Por un lado, el área de habitaciones, y por otro, las áreas de zona noble, de servicio, externa y lavandería-lencería.

Comenzando con el área de habitaciones, para calcular la cantidad de habita-ciones que pueden ser atendidas por una camarera durante la jornada laboral, sería conveniente realizar un estudio utilizando los métodos de observación continua y/o cronometraje con el fin de determinar no solo las habitaciones que tienen que limpiar, sino además las distintas tareas que es necesario realizar en el puesto de trabajo y el tiempo necesario para su realización. Uno de los mé-todos más empleados para el cálculo de plantilla del área de habitaciones es el llamado índice de arreglo.

Para el cálculo de la plantilla de zona noble e interna, lo primero es tener en cuenta la dimensión de las instalaciones (metros cuadrados), el mobiliario y enseres que lo componen y el tránsito de personas. Realizaremos un cronome-traje y observación de los tiempos de trabajo para calcular bien las zonas que debe hacer cada camarera o auxiliar y las horas convenientes, siguiendo un or-den lógico.

En el caso de la zona noble tendremos en cuenta además las instalaciones que precisan varios repasos al día como el *hall*-recepción o los aseos comunes y prever la ocupación de los salones.

Es preciso realizar un cálculo anual que se presentará el primer mes del año. Uno mensual que se presentará diez días antes de comenzar el mes. Uno semanal y uno diario.

Los cambios de turnos y libranzas que se tengan que efectuar derivados de la variación en la previsión de la ocupación y de las incidencias producidas por bajas, enfermedad y otras circunstancias tienen que ser avisados al trabajador con al menos setenta y dos horas.

Calcular la plantilla de antemano es complicado, ya que existe una serie de imprevistos que pueden afectar su composición, como por ejemplo:

1. Ausencia del trabajador por enfermedad.

2. Indisposición del trabajador durante la jornada.

3. Fallo en el sistema informático que produce desajustes en la información.

4. Conflicto laboral, como huelgas.

5. Problemas en el suministro de ropa por avería de maquinaria o fallo en el suministrador externo.

6. Problemas en el suministro de material, etcétera.

Algunas soluciones de emergencia para solventar la falta de personal en un momento determinado podrían ser las siguientes:

1. Avisar a trabajadores eventuales tanto si son de la propia empresa como de ETT.

2. Avisar a trabajadores que están librando. Tenemos que tener en cuenta que disponen de total libertad para negarse si les avisamos con poco tiempo.

3. Reparto del trabajo sobrante entre el personal del equipo con la consiguiente carga de trabajo que debe ser compensada de alguna manera.

4. Prolongación de la jornada con horas extras que se pueden abonar o acumular para disfrutar posteriormente.

5. «Arrastre»: en el caso de que la incidencia se produzca en un día determinado podemos, si la ocupación lo permite, dejar alguna zona o habitación sin limpiar y hacerla al día siguiente cuando la plantilla se recupere o se pueda resolver la incidencia de la manera menos costosa para la empresa.

Además de lo expuesto anteriormente, tendremos que tener en cuenta lo que marca el convenio de los trabajadores. Resumiremos algunos puntos importantes aunque hay que atenerse a lo establecido en cada caso. En el sector hospedaje se trabaja todos los días del año, lo que supone que exista lo que se llama vacaciones de invierno que son los 14 festivos más una compensación de 6 días que hacen un total de 20 días que se pueden disfrutar de manera continuada e ininterrumpida según acuerdo.

El Convenio Colectivo de Hospedaje de la Comunidad de Madrid establece el total de horas de trabajo anuales en 1800 lo que es igual a 225 días de trabajo efectivo. En otras comunidades se establecen 1784 horas.

Si a los 365 días que tiene el año le restamos 30 de las vacaciones de verano y los 20 de vacaciones de invierno nos restaría 315 días que si dividimos entre 7 que son los que tiene una semana nos daría un total de 45 semanas (1800 horas), resultando un total de 90 días de descanso semanal.

Calendario laboral

Se presenta el primer mes del año ante los trabajadores y sus representantes. Incluye:

Días de trabajo efectivo 225

Días libres 90 (45 × 2). (Descanso semanal)

Días de descanso anual 20. (Vacaciones de invierno)

Vacaciones anuales 30. (Vacaciones de verano)

Tener en cuenta para la asignación de libranzas la situación de los trabajadores separados/divorciados por sentencia con hijos menores diez años y que lo hayan solicitado.

También tendremos en cuenta para su elaboración lo que marca la normativa para los trabajadores con hijos menores de dos años y menores de cuatro años (monoparental, minusvalía).

Jornada

a) 40 horas semanales.

Continuada= 8 horas.

Partida= dos periodos 4 + 4 o 5 + 3, etcétera.

Media jornada= 4 horas.

b) Descanso de 30 minutos en jornadas de más de 6 horas (computable como trabajo efectivo).

c) Entre la finalización de una jornada y el comienzo de la siguiente deberán transcurrir, como mínimo, 12 horas.

Trabajadores con hijos menores de dos años podrán tener la jornada adaptada a horario de la guardería siempre y cuando se justifique debidamente.

Trabajadores con hijos menores de nueve meses tienen derecho a una hora diaria de reducción jornada o acumulable.

Descanso semanal

- Dos días ininterrumpidos.

- Podrían ser acumulables en periodos de diez días de trabajo y cuatro de descanso (por acuerdo).

- Trabajadores con hijos menores de dos años tienen derecho a libranza de dos días semanales durante el sábado y domingo.

Descanso continuado (vacaciones invierno)

- Igual a 20 días menos los festivos en situación de IT y festivos disfrutados (excepto si coincide con día libre, vacaciones o descanso anual).

- Se pueden sumar a las vacaciones de verano o libranza.

- Los trabajadores con hijos menores de dos años no trabajan festivos.

Vacaciones:

- Igual a 30 días naturales ininterrumpidos.

- Asignación mediante sistema rotativo.

- Si coincide con descanso continuado o semanal, se comienzan al día siguiente. Ejemplo: 30 + 20, 30 + 2.

Tener en cuenta preferencias de los trabajadores separados/divorciados por sentencia con hijos menores diez años y trabajadores con hijos menores de dos años y menores de cuatro años (monoparental, minusvalía).

Vamos a realizar el cálculo de recursos humanos del departamento de pisos partiendo de fórmulas matemáticas, aunque —como hemos explicado anteriormente— este cálculo es aproximado, ya que se realiza con bastante tiempo y no contamos con los imprevistos e incidencias.

A) Cálculo anual de la plantilla total de pisos

Turno de mañana:

> Total habitaciones que limpiar al año/Total habitaciones que limpia una camarera anualmente

Turno de tarde:

> Total coberturas anuales/Total coberturas que realiza una camarera anualmente

Ejemplo: Hotel de 100 habitaciones con una ocupación media anual del 80 %. El índice de arreglo de una camarera de mañana es de 10 habitaciones y el de tarde 20 coberturas. Indicar la plantilla necesaria:

Ocupación diaria = 100 × 0,8 = 80 habitaciones diarias de media

$$\text{Mañana: } \frac{80 \times 365 = 29\,200}{10 \times 225 = 2250} = 12{,}98 \text{ camareras}$$

$$\text{Tarde: } \frac{80 \times 365 = 29\,200}{20 \times 225 = 4500} = 6{,}48 \text{ camareras}$$

> Total plantilla camareras = 12,98 + 6,48 = 19,45 camareras.

Observación: Cuando el resultado obtenido sea una cifra con decimales, los decimales indican que necesitaremos personal a tiempo parcial en determinados días y meses. No quiere decir, como por ejemplo en este caso concreto, que necesitemos personal a media jornada (0,45).

B) Cálculo semanal plantilla de pisos

- Método A:

> Efectivo diario × Días que tiene una semana/Días de trabajo semanales

Ejemplo:

1.º Calculamos el efectivo diario.

$$+ \begin{array}{l} 80 : 10 = \ \ 8 \text{ de mañana} \\ 80 : 20 = \ \ 4 \text{ de tarde} \\ \hline \text{Total} = 12 \text{ camareras diarias} \end{array}$$

2.º Calculamos el efectivo semanal.

> 12 × 7/5 = 16,8 camareras en total.

- Método B:

Turno mañana:

> Total habitaciones que limpiar semanalmente/Total habitaciones que limpia camarera semanalmente.

Turno tarde:

> Total coberturas semanales/Total coberturas que realiza camarera semanalmente

- Ejemplo: $\dfrac{80 \times 7 = 560}{10 \times 5 = 50} = 11,2$ de mañana

  $\dfrac{80 \times 7 = 560}{20 \times 5 = 100} = 5,6$ de tarde

  Total 16,8 camareras

C) Cálculo anual de la plantilla de auxiliares de pisos y limpieza

Turnos que cubrir anualmente/Turnos que realiza un trabajador al año.

- Ejemplo: En un establecimiento hotelero hemos determinado que según dimensiones de las áreas a limpiar, mobiliario existente, y tránsito de personas vamos a necesitar 4 auxiliares de mañana y 2 de tarde. Días de trabajo efectivo 225. Calcular la plantilla total.

Mañana $\dfrac{4 \times 365}{1 \times 225} = \dfrac{1460}{225} = 6,48$ de mañana.

Tarde $\dfrac{2 \times 365}{1 \times 225} = \dfrac{730}{225} = 3,24$ tarde.

Total plantilla = 6,48 + 3,24 = 9,72 = +/− 10 auxiliares (por ejemplo, 6 de mañana, 3 de tarde y 1 o 2 a tiempo parcial, según se contrate para cubrir ambos turnos, o 1 solo).

D) Cálculo semanal plantilla de auxiliares de pisos y limpieza

Turnos que cubrir semanalmente/turnos que realiza un trabajador a la semana.

- Siguiendo el ejemplo anterior:

Mañana $\dfrac{4 \times 7 = 28}{1 \times 5 = 5}$ = 5,6 de mañana.

Tarde $\dfrac{2 \times 7 = 14}{1 \times 5 = 5}$ = 2,8 de tarde.

Total plantilla = 5,6 + 2,8 = 8,4 = +/−8,5 (por ejemplo, 5 de mañana, 3 de tarde y 1 a tiempo parcial).

1.7.2. Estimación de necesidades de materiales

Las necesidades de material para desarrollar el trabajo del departamento de pisos se calcularán también por áreas.

- ÁREA DE HABITACIONES: precisa todo lo que se expone en el apartado relativo a la dotación del *office*.

- ÁREAS DE ZONAS: requerirán maquinaria, carros y productos y útiles de limpieza, principalmente. La dotación es muy similar a la del *office* de pisos excluyendo la ropa.

PRODUCTOS DE LIMPIEZA	Conforme a los tipos de limpieza que se precisen realizar.
ÚTILES DE LIMPIEZA	Conforme a los tipos de limpieza que se precisen realizar.
MAQUINARIA	Principalmente aspiradoras distribuidas por plantas y zonas. Es la maquinaria de mayor uso. Otra maquinaria según tipos de limpieza que se vaya a realizar: • Abrillantadora (rotativa). • Barredora. • Fregadora o hidrofregadora. • Lavadora-limpiadora de alfombras y tapicerías. • Limpiadora de vapor. • Purificador de aire. Pueden ser de uso exclusivo según zona o de uso compartido.

CONTENEDORES	De basuras.
	De ropa sucia.
CARROS	De pisos.
	De limpieza.
	De ropa limpia o sucia.
PRODUCTOS DE ACOGIDA Y COMPLEMENTOS	Según estándares de calidad.
DOTACIÓN DE ROPA DE CAMA Y BAÑO	Según estándares de calidad.

1.8. Confección de horarios y turnos de trabajo

Los horarios y turnos de trabajo se elaboran principalmente conformes a las necesidades del servicio y a los derechos de los trabajadores, procurando conciliar ambas partes.

A continuación, se detallan algunos ejemplos de turnos:

Mañana: de 7,00 a 15,00 si se incluyen tareas de limpieza de zona noble e interna.

De 8,00 a 16,00 es el horario que viene siendo más habitual en las camareras de pisos.

Tarde: de 15,00 a 23,00. Propio de las camareras y auxiliares de tarde.

Noche: de 23,00 a 7,00. En algunos establecimientos de alta categoría se tiene a una persona de noche para solventar posibles incidencias, terminar tareas sin finalizar de otros turnos, realizar repasos y limpiezas de algunas dependencias de la zona noble e interna, o realizar tareas de lencería.

Los turnos al igual que las libranzas pueden ser fijos o rotativos —en el argot, conocido como «rota»—. Establecer turnos fijos y libranzas fijas es lo más sencillo en cuanto a la organización, pero tiene el inconveniente de que ciertos trabajadores nunca libran en fin de semana.

Establecer libranzas rotativas para que todos libren al menos un fin de semana cada cuatro o seis semanas es más justo, pero complica la organización del departamento y a veces surgen problemas o rencillas entre los trabajadores. Este sistema puede ser bueno cuando la plantilla es pequeña. Lo mismo ocurre con los turnos, puede ser bueno para la empresa que todos hagan de todo, pero a no ser que todos los trabajadores estén de acuerdo, el cambiar de turno cada semana crea inestabilidad y discrepancias en los trabajadores.

Resumiendo: podremos establecer turnos y libranzas fijos, libranzas rotativas y turnos fijos, libranzas fijas y turnos rotativos, o turnos y libranzas rotativos.

- Supuesto de plantilla de camareras de pisos planificada con **turnos y libranzas fijos,** compuesta por 6 de mañana, 1 de tarde y 1 correturnos:

  La primera camarera tiene un hijo menor de dos años (libra fines de semana y festivos), la segunda es separada con un hijo menor de diez años (solicita fines de semana alternos y festivos que coincidan con tales), la tercera y sexta solicitan sus veinte días de vacaciones de invierno los primeros días del mes, y la séptima, a partir del 22.

  Necesitamos 3 de mañana y 1 de tarde la primera quincena del mes y los fines de semana por tener ocupación más baja. El resto de días tendremos 4 de mañana y 1 de tarde. Tras varios cambios de libranzas y algún turno, hemos conseguido equilibrar algo más la planificación, ya que en un principio los días 19 y 20 nos faltaba personal.

  Necesitaremos personal extra para los días 6, 7 y 16.

  Los días 3, 9, 10, 11, 23, 24 y 31 podemos destinarlos para limpiezas extras o compensación de libranzas.

ENERO	D	L	M	X	J	V	S	D	L	M	X	J	V	S	D	L	M	X	J	V	S	D	L	M	X	J	V	S	D	L	M
	1	2	3	4	5	6	7	8	9	10	11	12	13	14	15	16	17	18	19	20	21	22	23	24	25	26	27	28	29	30	31
1E	L	M	M	M	M	D	L	L	M	M	M	M	M	L	L	M	M	M	M	M	L	L	M	M	M	M	M	L	L	M	M
2E	L	L	M	M	M	D	L	L	M	M	M	M	M	L	L	M	M	M	M	M	L	L	M	M	M	M	M	L	L	L	M
3E	VI	VI	VI	VI	VI	VI	VI	VI	VI	VI	VI	VI	VI	VI	VI	VI	VI	VI	VI	VI	L	L	L	M	M	M	M	M	M	L	L
4E	M	M	M	L	L	M	M	M	M	M	M	M	L	L	M	M	M	M	M	L	L	M	M	M	M	L	L	M	M	M	M
5E	M	M	M	M	M	L	L	M	M	M	M	M	L	L	M	M	M	M	M	M	M	M	M	M	L	L	L	L	L	M	M
6E	VI	VI	VI	VI	VI	VI	VI	VI	VI	VI	VI	VI	VI	VI	VI	VI	VI	VI	VI	VI	M	M	M	M	M	T	T	L	L	M	M
7E	T	L	L	T	T	T	T	T	L	L	M	T	T	T	T	L	L	M	M	T	T	VI	VI	VI	VI	VI	VI	VI	VI	VI	VI
8E	M	T	T	L	L	M	M	M	T	T	T	L	L	M	M	T	T	T	T	L	L	T	T	T	T	L	L	T	T	T	T

Figura 1.10. Resultado del supuesto de cálculo de turnos y libranzas fijos de plantilla de camareras. Mes de enero, donde son festivos el domingo 1 y el viernes 6.

- Supuesto de plantilla con **turnos y libranzas rotativos** compuesto por tres subgobernantas:

  Mediante este sistema rotativo, todas libran un fin de semana (sábado y domingo) cada 6 o 7 semanas. Al librar dos días cada seis de trabajo, llega un momento en que se acumulan días trabajados, luego hay que compensar con 2 días libres más, aproximadamente cada 8 semanas, preferiblemente coincidiendo con la semana que libren un solo día (domingos y lunes) o compensar de otra manera según convenga. Tener en cuenta que cada 8 semanas tienen que haber librado 16 días en total. Los días que se compensan irán unidos a libranzas (2+2 o 2+1 y 2+1). Hay que procurar guardar un equilibrio entre días trabajados, turnos y libranzas de las tres.

Turnos: A- De 7 a 3   B- De 8 a 4   T- De 3 a 11

Todos los días tienen que quedar cubiertos como mínimo los turnos A (7-3) y T (3-11) y serán rotativos, es decir, una semana se trabaja de mañana y otra de tarde.

	E N E R O							E N E R O							E N E R O							E N E R O								
	8ª	1ª							2ª							3ª							4ª							5ª	
	D	L	M	X	J	V	S	D	L	M	X	J	V	S	D	L	M	X	J	V	S	D	L	M	X	J	V	S	D	L	M
	1	2	3	4	5	6	7	8	9	10	11	12	13	14	15	16	17	18	19	20	21	22	23	24	25	26	27	28	29	30	31
1	B	L	L	A	A	A	A	A	A	L	L	T	T	T	T	T	T	L	L	A	A	A	A	A	A	L	L	T	T	T	T
2	A	A	A	L	L	T	T	T	T	T	T	L	L	A	A	A	A	A	A	L	L	T	T	T	T	T	T	L	L	L	A
3	T	T	T	T	T	L	L	B	B	A	A	A	A	L	L	L	B	T	T	T	T	L	L	L	B	A	A	A	A	A	L
	F	E	B	R	E	R	O		F	E	B	R	E	R	O		F	E	B	R	E	R	O								
	5ª					6ª						7ª						8ª							1ª						
	X	J	V	S	D	L	M	X	J	V	S	D	L	M	X	J	V	S	D	L	M	X	J	V	S	D	L	M	X		
	1	2	3	4	5	6	7	8	9	10	11	12	13	14	15	16	17	18	19	20	21	22	23	24	25	26	27	28	29		
	T	T	L	L	A	A	A	A	A	A	L	L	T	T	T	T	T	T	L	L	A	A	A	A	B	L	L	L	T		
	A	A	A	A	L	L	L	T	T	T	T	T	L	L	A	A	A	A	A	A	L	L	T	T	T	T	T	L			
	L	B	T	T	T	T	T	L	L	B	A	A	A	A	L	L	B	T	T	T	T	L	L	A	A	A	A	A			

Figura 1.11. Resultado del supuesto de cálculo de turnos y libranzas rotativos de subgobernantas.

1.9. Organización y distribución de las tareas

Desde el punto de vista empresarial, el criterio más empleado es la optimización de recursos. Conforme a lo expuesto hasta el momento, tenemos que valorar si los trabajos o tareas que se van a desarrollar pueden ser ejecutados por una persona, dos o un equipo de trabajo. El trabajo en parejas o equipos puede ser bueno siempre que haya una buena coordinación entre los empleados, ya que favorece la especialización, lo que hace aumentar la productividad.

El sistema de organización de las tareas viene determinado por la asignación de funciones, ya que los tiempos suelen estar estandarizados y fijados de antemano.

Como ya hemos explicado en apartados anteriores, la organización del trabajo por parte de la gobernanta sufre continuos cambios adaptados a las circunstancias del momento. Podemos planificar las tareas y el personal necesario para ejecutar estas con un año vista, pero una ocupación imprevista tanto al alza como a la baja, situaciones de incapacidad laboral, disminución de presupuestos por parte de la dirección del establecimiento, etc., nos hacen variar continuamente el trabajo planificado.

- Vamos a ver un ejemplo de planificación anual partiendo de un supuesto: hotel de ciudad de cuatro estrellas. Cuenta con 342 habitaciones divididas en 6 plantas de 57 habitaciones cada una. Salones (500 m^2), restaurante, bar, *business center,* gimnasio y lavandería-lencería de clientes. El índice de arreglo de las camareras de turno mañana es de 17 habitaciones. El servicio de cobertura únicamente se realiza en habitaciones de categoría superior que son unas 18. Se estima que la ocupación media es de un 80 %.

Cuadro 1.9. Esquema de planificación de plantilla para un hotel de ciudad de cuatro estrellas.

N.º Empleados	Categoría	Turno	Horario	Funciones principales
1	Gobernanta general	Mañana	De 08,00 a 16,00	Propias de su cargo: Dirigir, coordinar y controlar.
2	Subgobernanta	Mañana	De 08,00 a 16,00	Sustituir a la gobernanta en caso de ausencia.
				Revisión zona noble y pisos de la planta 1ª a 3ª.
				Revisión zona de personal y Pisos de la planta 4º a la 6ª.
20	Camarera de pisos	Mañana	De 08,00 a 16,00	Limpieza de zonas comunes y habitaciones de sus plantas.
1	Camarera de pisos	Tarde	De 15,00 a 23,00	Terminar trabajo de arrastre de jornada de la mañana. Realizar coberturas. Entrega de ropa de clientes. Limpieza de zona común planta y repaso zona noble del *hall*.

N.º Empleados	Categoría	Turno	Horario	Funciones principales
1	Camarera de pisos	Noche	De 23,00 a 07,00	Terminar trabajo de la jornada anterior. Realizar alguna salida si es preciso. Repaso zona noble *hall*. Limpieza de salones. Apoyo de lencería.
1	Camarera de pisos con funciones de lencera	Mañana	De 09,00 a 17,00	Lavado y planchado de ropa de clientes. Tratamiento de toallas. Control de lavandería externa.
8	Camarera de pisos	Mañana, tarde o noche	De 8,00 a 16,00 De 15,00 a 23,00 De 23,00 a 07,00	Correturnos. Cubrir las ausencias, libranzas y vacaciones de la plantilla fija.
2	Auxiliar de pisos y limpieza con funciones de *Valet*	Mañana	Dos turnos: de 07,00 a 15,00 De 8,00 a 16,00	Limpiezas especiales (moquetas, dorados, cristales, etc.). Auxiliar a las camareras de pisos en trabajos puntuales. Recogida de ropa sucia y basura. Colocar y retirar camas supletorias.
1	Auxiliar de pisos y limpieza con funciones de *Valet*	Noche	De 23,00 a 07,00	Limpiezas especiales (moquetas, dorados, cristales, etc.). Auxiliar a las camareras de pisos en trabajos puntuales. Recogida de ropa sucia y basura. Colocar y retirar camas supletorias.

N.º Empleados	Categoría	Turno	Horario	Funciones principales
2	Auxiliar de limpieza	Mañana	De 07,00 a 15,00	Limpieza y repaso de: 1 zona noble y 1 zona interna.
1/2	Auxiliar de limpieza	Mañana	Media Jornada De 08,00 a 12,00	Limpieza y repaso de zona noble e interna.
1	Auxiliar limpieza	Tarde	De 15,00 a 23,00	Limpieza y repaso de zona noble e interna.
4	Auxiliar de pisos y limpieza	Mañana, tarde o noche	De 07,00 a 15,00 De 15,00 a 23,00 De 23,00 a 07,00	Correturnos. Cubrir las ausencias, libranzas y vacaciones de la plantilla fija.
44 y 1/2	TOTAL PLANTILLA			

1.10. Normas de control de: averías, objetos olvidados, habitaciones, empleo de materiales y productos y otros aspectos

Corresponde a la gobernanta general la dirección, el seguimiento y el control de todos los procesos relacionados con su departamento. Por un lado, debemos diseñar los procesos para su posterior estandarización, y por otro, controlar que se desarrollan conforme a lo estipulado para alcanzar un nivel alto de calidad.

A continuación, vamos a explicar el proceso y control de los procedimientos más habituales del departamento de pisos.

1.10.1. Averías en habitaciones

Una forma simple de reflejar un proceso podría ser en forma de diagrama de flujo o flujograma. Mediante el siguiente ejemplo de proceso en caso de averías en habitaciones podemos analizar los pasos que se deben seguir y el control de estas. Para averías en otras dependencias, el sistema es el mismo.

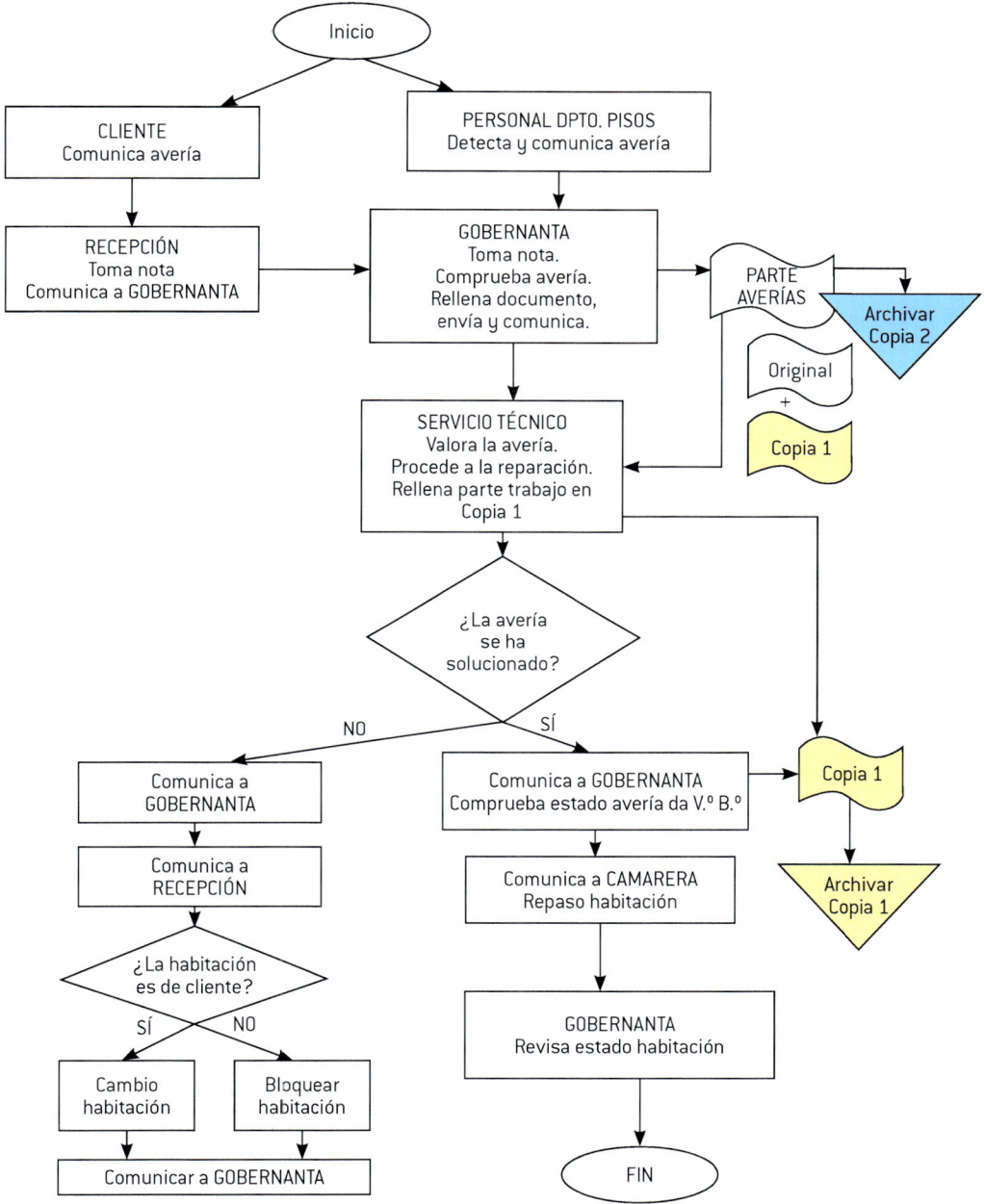

Figura 1.12. Flujograma de averías en habitaciones.

1.10.2. Objetos olvidados

Cuando una habitación es de salida puede ocurrir que el cliente deje olvidado algún objeto. También podrían encontrase objetos olvidados o perdidos por clientes en la zona noble o en la ropa enviada a lavandería.

Como norma general, «nunca tirar un objeto personal del cliente, aunque nos parezca que es para desechar».

Procedimiento

1.º Si se trata de objetos que consideremos de suma importancia para el cliente o de alto valor, como DNI, pasaporte, billetes de avión, dinero, joyas, móvil, ordenador personal, etc., informaremos inmediatamente a la gobernanta, y esta a recepción para localizar al cliente si aún se encuentra en el hotel.

2.º La gobernanta se hará cargo de inmediato de los objetos de valor entregando estos en recepción si se hubiera localizado al cliente o custodiándolos en la caja fuerte personal si dispone de ella, o entregándolos en dirección si la organización interna del establecimiento así lo estipula. La Dirección del establecimiento establecerá cuál es la cuantía o valor de un objeto considerado de alto valor y el procedimiento para su custodia.

3º En el caso de objetos de menor importancia, como maletas vacías (es habitual que los clientes dejen maletas en desuso), paraguas, ropa, zapatos, cepillo de dientes, etc, la camarera anotará el olvido en su «Parte diario de trabajo», lo custodiará y entregará al final de la jornada.

Al final de la jornada:

1.º Entregar el objeto y rellenar el documento pertinente (parte de objetos olvidados). Dicho documento consta de los datos que se exponen a continuación.

N.º de referencia asignado............................... (*Coincidirá con el libro de registro de recepción*).

Lugar del hallazgo: ....

Fecha: .... / .... / ....

Persona que encontró el objeto: ....

Descripción del objeto: ....

Cliente (si se trata de una salida): ....

Registrado por: .... Recibí: ....

Entregado por: .... Entregué: ....

Figura 1.13. Parte de objetos olvidados.

2.º Anotar los datos procedentes del parte de objetos olvidados en el libro de registro de objetos olvidados que será custodiado por recepción. Este procedimiento puede estar informatizado. Los datos del libro de registro de objetos olvidados son los que se reflejan en la figura siguiente:

N.º Orden o referencia
Habitación o lugar
Cliente
Descripción objeto
Fecha de entrega y Entregado por:
Fecha de devolución y Recogido por:

Figura 1.14. Libro registro objetos olvidados.

Tratamiento de objetos olvidados

En el caso de comida, se envolverá correctamente y ubicará en cámara frigorífica destinada para ello. Vigilar su caducidad. Se suele guardar una semana.

En el caso de ropa interior, pijamas, etc., sucios, proceder a su limpieza y planchado y envolver correctamente. Abrigos, gabardinas, etc., controlar su estado, colocar en percha y envolver en bolsa especial.

Resto de objetos, envolver cuidadosamente.

Etiquetar correctamente con los datos procedentes de la hoja de control de objetos olvidados.

```
┌─────────────────────────────────────────────┐
│  N.º Orden .............................................................  │
│                                               │
│  Descripción objeto ................................................  │
│                                               │
│  Lugar encontrado ..................................................  │
│                                               │
│  Fecha ................................................................  │
└─────────────────────────────────────────────┘
```

Figura 1.15. Etiqueta objetos olvidados.

Almacenado

La gobernanta dispondrá de un almacén especial destinado a dichos objetos, con estanterías y percheros organizados por meses para su correcta ubicación y control. Como norma general, siempre se han guardado durante un año, excepto comida. Será la organización interna del establecimiento la que establezca dicho periodo. Hoy en día por cuestiones de espacio y organización suelen guardarse tres meses aunque cada establecimiento tiene sus normas.

Entrega

Si el cliente solicita su devolución y no se encuentra en el hotel, correrá con los gastos de envío. Firmará el libro el recepcionista indicando el número de envío.

Si el cliente recoge el objeto personalmente se le hará entrega previa revisión del mismo firmando el recibí en el libro de registro.

En el caso de que el objeto no sea reclamado en el plazo estipulado, normalmente se hace entrega a la persona que lo encontró. Hay establecimientos que tienen como norma donarlos a una institución benéfica o sortearlos entre el personal del departamento, todo depende de la organización interna.

1.10.3. Control habitaciones

Para llevar un control del estado y revisión de las habitaciones la gobernanta diseñará un modelo y procedimiento en coordinación con las subgobernantas. En apartados anteriores hemos explicado el proceso de revisión de habitaciones.

Mediante el programa informático con el que trabajemos, podemos controlar el estado de las habitaciones:

1. Libre, ocupada, salida y bloqueada.
2. Sucia o limpia.
3. Número de ocupantes.

4. Cunas y camas supletorias.

5. Atenciones vip.

A primera hora de la mañana elaboraremos una hoja de control donde planificaremos las salidas y otros procesos que se deben controlar para repartir el trabajo entre las subgobernantas. En esta hoja de control se irán anotando manualmente mediante signos previamente estipulados:

a) La habitación de salida es efectiva y la camarera ya la ha realizado. (Colocar un punto a la derecha del número de habitación).

b) La subgobernanta ha revisado la habitación y está conforme con su estado. (Colocar un punto a la izquierda del número de habitación). Si ocurriera alguna incidencia, anotará mediante claves el motivo de esta y tramitará el proceso adecuado.

c) La habitación está limpia, revisada y conforme para su venta. Comunicar a recepción o cambiar el estado de sucia a limpia mediante el programa informático. (Cruzaremos el número con una raya para saber que lo hemos hecho).

El proceso que hemos explicado en cuanto a colocación de signos puede variar según costumbres o métodos de trabajo. Cada organización establece los suyos propios, aunque suelen ser similares.

FECHA: ....

SALIDAS				BLOQUEOS	
101	204	301	.401.	5ª Planta	Limpieza General
104	~~206~~.	303	~~410~~. FON	413	Falta dotación
106	208	~~315~~.	412	422	Fontanería
110	217	~~317~~.	414		
117	219	319	.4̶1̶5̶.		
122	223	~~321~~.	.4̶1̶7̶.	CAMBIOS	
123	229	322	.421.	416 ⟶ 404	
124	201	~~323~~.	.423.	119 ⟶ 422	
125	223	.327.	~~424~~.sv	121 ⟶ 302	
126		~~328~~.	.425.		
128		~~329~~.	426.	VIP	
		324	427.	418/2O	
1190			4160	203/05	
1210					

Figura 1.16. Ejemplo de hoja de control de habitaciones.

1.10.4. Proceso de revisión y control de zona noble e interna

La limpieza de áreas también tiene que ser revisada por la gobernanta o subgobernanta. Para ello, llevará un control escrito de los lugares que revise, así como el estado de los muebles y enseres. Realizaremos controles generales diarios y controles más exhaustivos de manera periódica.

Aplicaremos los mismos criterios que en la revisión de habitaciones y además vigilaremos el estado de revistas, adornos florales y todo aquello que complemente la decoración y ambiente del establecimiento.

CONTROL	ZONA PÚBLICA E INTERNA																		
DÍA	1	2	3	4	5	6	7	8	9.	.	.	..	.	.	27	28	29	30	31	Observación
Hall de entrada																			
Cabina de teléfono																			
Ascensores																			
Aseos públicos																			
Hall principal																			
Salón A																			
Salón B																			
Recepción																			
Bar																			
Restaurante																			
Despachos																			
Office																			
Aseos de personal																			
Almacén																			
Cocina																			
Etc.																			

Figura. 1.17. Hoja de control de estado de áreas.

CONTROL	ZONA NOBLE										
	Sillones	Paredes	Mesas	Puertas Ventanas Cortinas	Alfombras	Espejos	..	..	.	Cuadros	Observación
Hall de entrada											
Cabina de teléfono											
Ascensores											
Aseos públicos											
Hall principal											
Salón A											
Salón B											
Recepción											
Bar											
Restaurante											
Despachos											
Office											
Aseos de personal											
Almacén											
Cocina											
Etc.											

Figura 1.18. Hoja de control de estado de la zona noble.

1.10.5. Control de empleo de materiales y productos

Otra de las funciones principales de la gobernanta general, además de las indicadas hasta el momento, es la de control e inventario de mobiliario, enseres y materiales de las habitaciones y la de dirigir, supervisar y controlar las compras y existencias de ropa blanca, productos de mantenimiento y limpieza.

Debemos tener un *stock* en almacén de todos los productos necesarios para prestar el servicio que compense la diferencia entre el flujo del consumo y el de reposición.

El control de materiales y su consumo se realizará mediante la elaboración de **inventarios** periódicos.

En el caso de la ropa es usual que las prendas pequeñas (toallas, servilletas, paños, etc.) se pierdan o desaparezcan por diversos motivos. Para realizar el control de ropa, lo primero que haremos es elaborar un inventario teórico, según la información que nos aportan las fichas de los productos [existencias iniciales + entradas (compras) − salidas (bajas por rotura o deterioro) = existencias finales].

FECHA	ALTAS			BAJAS	EXISTENCIAS		OBSERVACIONES
	CANTIDAD	PRECIO	IMPORTE	CANTIDAD	CANTIDAD	PRECIO	

Artículo ....

Figura.1.19. Ficha de producto.

En principio el resultado debe cuadrar si hemos hecho bien todas las anotaciones.

Lo segundo y más importante es comprobar que efectivamente cuadra el resultado del inventario con lo que realmente tenemos. Para ello, haremos un recuento físico de todo el material. El recuento de ropa es bastante complicado, ya que, como hemos explicado en el flujo de ropa, esta se encuentra depositada en al menos cuatro dependencias: almacén, *office* de pisos y carros, lavandería y lencería y puesta en habitación o comedor. Normalmente suelen existir pequeños descuadres. Tenemos que valorar si los descuadres entran o no dentro de la normalidad y averiguar sus causas. Mediante las hojas de entrega de ropa sucia y recogida de ropa limpia podemos averiguar si los escapes se producen en los pisos o en el restaurante ya que la ropa de almacén y lencería-lavandería es más fácil de controlar. Según los resultados obtenidos, tendremos que tomar las medidas adecuadas.

En cuanto a los productos de limpieza y de acogida, realizaremos por un lado un control periódico mediante inventario teórico y recuento de unidades como hemos hecho con la ropa. Por otro lado, tenemos que elaborar «controles de consumo» mediante el análisis de material de reposición solicitado por parte de las camareras o auxiliares. Si, por ejemplo, estipulamos que para la limpieza de habitaciones con una ocupación al cien por cien el consumo de ciertos productos de limpieza es una cantidad determinada y durante un periodo de tiempo las salidas de material han sido superiores en relación al trabajo desarrollado, tendremos que averiguar si realmente se está haciendo un mal uso de los productos (mala dosificación) o si son otras las causas de tal descompensación. Para el control de productos de acogida, es fácil calcular la idoneidad del consumo tomando como referencia la ocupación real durante un tiempo determinado.

El control de útiles de limpieza es mucho más fácil que los fungibles, ya que como medida preventiva de posibles escapes podemos establecer que para la reposición del producto se tenga que entregar el deteriorado, por ejemplo, para la reposición de guantes de fregar el personal deberá entregar los usados.

El resto de material, como muebles, enseres, maquinaria, etc., será controlado mediante inventarios sin mayor dificultad que su recuento.

1.11. Especificidades en entidades no hoteleras: hospitales y clínicas, residencias para la tercera edad, residencias escolares, otros alojamientos no turísticos

La organización de entidades no hoteleras es muy similar a la de las hoteleras con algunas especificidades:

La gobernanta general tendrá conocimientos de nutrición y seguridad e higiene alimentaria, ya que se encarga de la supervisión del trabajo en cocina y del control de los productos alimentarios tanto en su recepción como en el almacenamiento y tratamiento. Controlará además el consumo de víveres y menús.

El funcionamiento de la lavandería y lencería es casi igual al de los establecimientos hoteleros. En los hospitales hay que tener un cuidado especial con el tratamiento de ropa de quirófano; para ello existen empresas especializadas que garantizan resultados óptimos.

En cuanto a la limpieza en residencias de ancianos y sobre todo en hospitales hay que extremar siempre este punto. En el caso de los hospitales, la higiene y limpieza se divide por zonas de riesgo:

1. Zona de bajo riesgo: vestíbulo, pasillos, escaleras, ascensores, consultas, capilla, salón de actos, gimnasio, servicios auxiliares, administración, comedores, *offices,* talleres, almacenes, centralita, archivos, vestuarios y residencia.

2. Zona de medio riesgo: medicina preventiva, área de hospitalización, enfermería, mortuorio, radioterapia, anatomía patológica, rehabilitación, endoscopia digestiva, medicina nuclear, radiología, laboratorio, urgencias, dietética, consultas externas, aseos y WC, cocina y lavandería y lencería.

3. Zona de alto riesgo: cuidados intensivos, banco de sangre, esterilización, preparación de citostáticos y de parenterales, hemodiálisis, hemodinámica, paritorios, prematuros, quirófanos, trasplantes, reanimación, unidad de quemados y de inmunodeprimidos, oncología y zonas de aislamiento.

Estas zonas se pueden, a su vez, subdividir en tres áreas (las de pacientes, las de personal sanitario y la de reanimación).

En este tipo de establecimientos se generan muchos residuos, sobre todo en hospitales y residencias geriátricas. Los residuos deben tratarse con especial cuidado. Se deben establecer protocolos de actuación en cuanto al tratamiento, recogida, almacenamiento y evacuación. Los residuos sólidos urbanos no entrañan peligro y se evacuan en bolsas de basura normal. Los biosanitarios se recogerán en bolsas verdes. Los sanitarios especiales se recogerán en envases especiales. Los envases de los citotóxicos estarán señalados con el pictograma correspondiente y suelen ser de color rojo. Los residuos químicos serán tratados por los facultativos nunca por personal de limpieza. Los contaminados por sustancias radioactivas serán manipulados por empresas especializadas.

La organización del trabajo de limpieza de habitaciones cambia respecto a los establecimientos hoteleros, ya que en el caso de hospitales y residencias geriátricas el cliente permanece en la habitación mientras realizamos esta y en el caso de los hospitales son las auxiliares de enfermería las que se encargan de hacer las camas. En residencias escolares tenemos que organizar las tareas dependiendo del uso de las instalaciones.

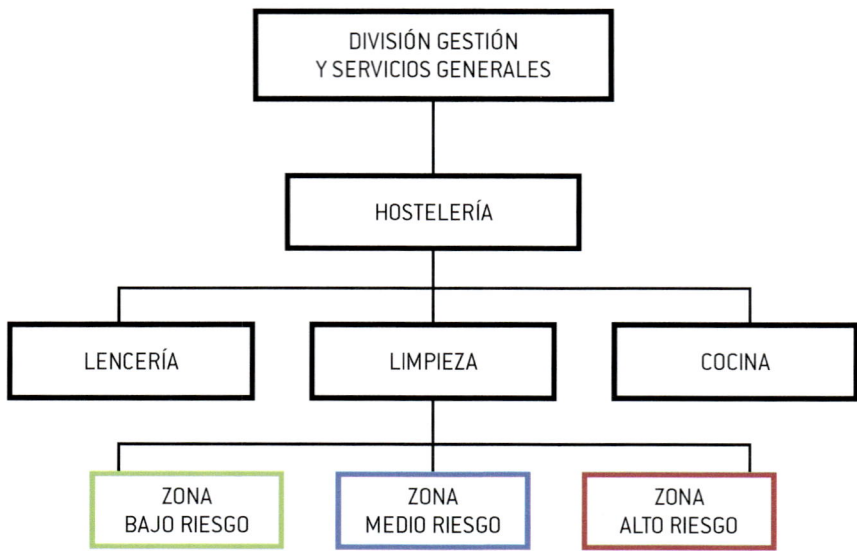

Figura 1.20. Organigrama de un hospital de grandes dimensiones.

ACTIVIDADES

1.1. Conforme al ejemplo de medición de tiempos por el sistema de cronometraje (Figura 1.7), realizar el mismo ejercicio añadiendo un minuto más al tiempo de cronometraje de cada camarera en cada observación. Emplear los mismos niveles de actividad y suplemento.

Puede variar el ejercicio cambiando los suplementos aplicando los expuestos por la OIT.

1.2. Ejercicio de cálculo de plantilla total.

- Supuesto: hotel de 5 estrellas de 350 habitaciones. Servicio de cobertura. Ocupación media del 80 %.
- Índice de arreglo camarera pisos turno mañana = 15 habitaciones.
- Índice de arreglo camarera pisos turno tarde = 20 habitaciones.
- Zona noble: es preciso cubrir 2 turnos de mañana, 1 de tarde y 1 de noche.

Hallar:

a) Cantidad de camareras de pisos y zona noble necesarias para cubrir diariamente cada turno (mañana y tarde).

b) Plantilla total semanal de pisos y zona noble.

c) Plantilla total anual de pisos y de zona noble.

1.3. Conforme al supuesto expuesto en apartado 1.8., confección de horarios y turnos de trabajo, realizar el siguiente ejercicio referido al año 200X, donde el día 1 de enero comienza siendo miércoles y los fines de semana y festivos que se reflejan en el ejercicio se consideran baja ocupación:

Hotel de 50 habitaciones dobles con una ocupación media del 80 %.

Se necesita una media de 4 camareras en turno mañana y 1 en turno tarde excepto en baja ocupación que se detalla a continuación y en la que precisaremos 3 de mañana y 1 de tarde. Los turnos y libranzas serán fijos. Días de trabajo efectivo 225.

Baja ocupación: fines de semana (sábados y domingos), 14 festivos (1 enero miércoles y 6 de enero lunes, 17 jueves y 18 viernes de abril,

1 jueves, 2 viernes y 15 jueves de mayo, 19 jueves de junio, 15 viernes de agosto, 1 sábado y 10 lunes de noviembre, 6 sábado, 8 lunes, 25 jueves de diciembre), primera quincena de enero, Semana Santa (de Jueves Santo a Lunes de Pascua incluidos , es decir, del 17 al 21 de abril), julio, agosto y septiembre completos y segunda quincena de diciembre.

a) Planificar vacaciones de verano.

b) Planificar descansos o vacaciones de invierno, libranzas y turnos de trabajo del mes de enero teniendo en cuenta lo siguiente:

TURNO MAÑANA

Camarera 1: trabajadora con hijo menor de dos años. Libra todos los sábados, domingos y festivos. Vacaciones de verano: agosto.

Camarera 2: trabajadora separada con hijo menor de diez años. Empieza el año librando domingos y lunes, pasando a sábados y domingos alternos. Solicita además librar los festivos que coincidan con la libranza de fin de semana por hacerse cargo del hijo. Vacaciones de verano: de la 2ª quincena de julio a la 1ª de agosto.

Camarera 3: libra lunes y martes. Vacaciones de invierno: los 20 primeros días de enero. Vacaciones de verano: julio.

Camarera 4: libra miércoles y jueves. Vacaciones de invierno: del 7 al 26 de noviembre. Vacaciones de verano: agosto.

Camarera 5: libra viernes y sábados. Vacaciones de invierno: los 20 últimos días de diciembre. Vacaciones de verano: del 3 de septiembre al 2 de octubre.

Camarera 6: libra domingos y lunes. Vacaciones de invierno: los 20 primeros días de enero. Vacaciones de verano: julio.

TURNO TARDE.

Camarera 7: Libra martes y miércoles. Vacaciones de invierno: del 23 de enero al 11 de febrero. Vacaciones de verano: agosto.

CORRETURNOS. **Camarera 8**: Libra jueves y viernes. Vacaciones de invierno: los 20 últimos días de diciembre. Vacaciones de verano: septiembre.

Para cuadrar la plantilla y atender las peticiones recibidas se puede realizar algún cambio en el día de libranza o turno, teniendo en cuenta lo que marca el convenio.

2. Técnicas y procesos administrativos aplicados al departamento de pisos

Contenidos

2.1. Aplicación de procedimientos administrativos propios del departamento

Todo proceso administrativo está formado por cuatro funciones:

1. La planificación.
2. La organización.
3. La ejecución.
4. El control.

De todos ellos hemos hablado en la unidad primera.

2.2. Manejo de equipos y programas informáticos específicos

Hoy en día todos los establecimientos por muy pequeños que sean disponen de un programa de gestión hotelera (PMS). Existen numerosos programas en el mercado adaptados a las necesidades, volumen de negocio, presupuesto, etc., de cada establecimiento o negocio. Todos funcionan de forma similar, algunos como Opera son un poco más complicados, pero en general el manejo es fácil.

Los PMS actuales han evolucionado a sistemas basados en la nube (*cloud*) que ofrecen mayores y mejores prestaciones.

Además, existen aplicaciones (*apps*) con chats integrados con comunicación en tiempo real que ofrecen algunas prestaciones muy útiles para el trabajo diario de la encargada de pisos, como puede ser asignar zonas y tareas o gestionar incidencias, entre otras.

Mediante el programa informático, la gobernanta tiene la posibilidad de:

A) Comprobar el estado de todas las habitaciones y realizar los cambios oportunos. También puede consultar el Cardex y las características de las habitaciones.

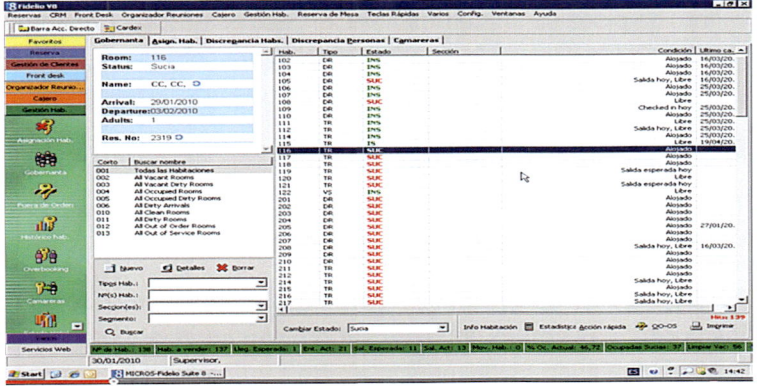

Figura 2.1. Imagen de control de la gobernanta. Fidelio Suite 8.

B) Llevar un control de habitaciones fuera de servicio y bloqueadas. Bloquear, desbloquear y conocer el motivo del bloqueo.

C) Asignar tareas a las camareras de manera simple, ofreciendo la posibilidad de hacer los cambios que consideremos oportunos. Podemos configurar el sistema según el método de organización (asignación fija, variable, por créditos, etcétera).

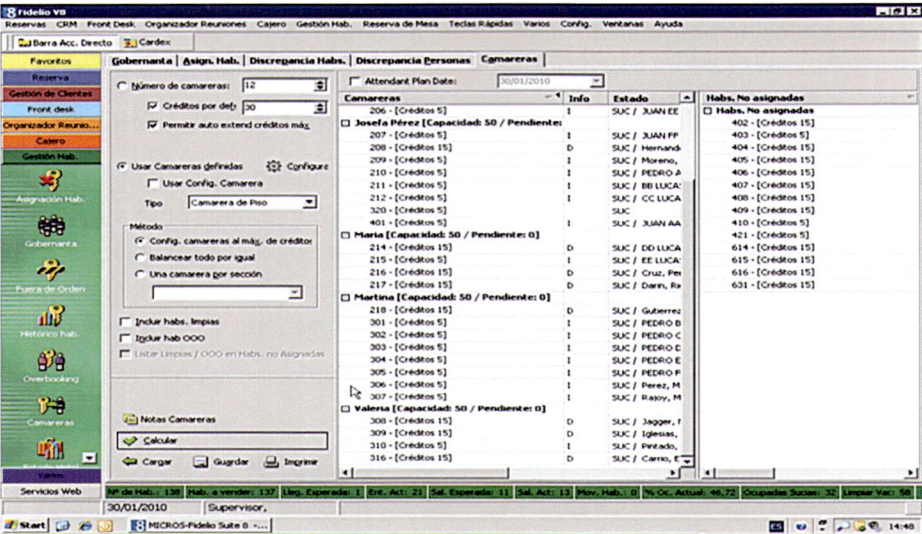

Figura 2.2. Imagen de control de la gobernanta. Asignación de habitaciones. Fidelio Suite 8.

D) Solventar discrepancias con recepción en cuanto al estado de las habitaciones y realizar los cambios oportunos. A modo de ejemplo, podemos decir que la discrepancia se denomina *sleep* cuando para recepción una habitación está ocupada por un cliente y para el departamento de pisos se encuentra libre. El caso contrario se denomina *skip,* ya que según recepción la habitación figura como libre, pero en el departamento de pisos se ha comprobado y figura como ocupada.

E) Crear y gestionar incidencias.

F) Tramitación de averías y comunicación con el departamento de mantenimiento.

G) Control de objetos olvidados o perdidos. Las opciones que nos ofrecen los programas son múltiples y simplifican muchísimo el trabajo de la gobernanta, además de reducir la gran cantidad de impresos que siempre se han usado en el departamento.

2.3. Utilización y manejo de equipos de oficina

Hoy en día todos los departamentos de pisos están informatizados. Para el trabajo de oficina simplemente necesitaremos un ordenador, un programa informático y una impresora.

El *suite* de oficina de más utilidad para la gobernanta es Microsoft Excel. Sus utilidades son infinitas. Podemos realizar inventarios, presupuestos, confección de horarios y turnos de trabajo, controles de asistencia al trabajo, etcétera.

- Partiendo del supuesto expuesto en el apartado *1.8. Confección de horarios y turnos de trabajo* y utilizando una hoja de Excel, podemos calcular el reparto de días libres, descansos y vacaciones de un año bisiesto que comienza siendo domingo y donde la camarera 8 librará jueves y viernes excepto cuando por necesidades de servicio haya que modificar los días, en este caso, de la octava camarera en el siguiente año bisiesto.

8E				L	L					L	L							L	L					L	L								0	8	23
8F		L	L						L	L					L	L					L	L							X	X		0	8	21
8M	L	L					L	L					L	L					L	L					L	L						0	10	21
8A				L	L					L	L					L	L						L	L						X		0	8	22
8MY		L	L						L	L					L	L					L	L						L				0	9	22
8J	L					L	L					L	L					L	L					L	L				X			0	9	21
8JL			L	L					L	L					L	L					L	L					L	L				0	8	23
8AG	L	L					L	L					L	L					L	L					L	L						0	8	23
8S	V	V	V	V	V	V	V	V	V	V	V	V	V	V	V	V	V	V	V	V	V	V	V	V	V	V	V	V	X			0	0	0
8O			L	L					L	L					L	L					L	L										0	8	23
8N	L	L					L	L					L	L					L	L					L	L	X					0	10	20
8D				L	L	L	L	D	D	D	D	D	D	D	D	D	D	D	D	D	D	D	D	D	D	D	D	D	D	D		20	4	7

20 90 226

Figura 2.3. Ejemplo utilidad hoja de Excel para cálculo de libranzas.

Para calcular la dotación total de ropa y los *stocks* necesarios en *offices* de pisos, lavandería-lencería y almacén, podemos emplear una hoja de Excel que nos ayudará a realizarlo de manera rápida. En el supuesto de la imagen Figura 4.1. «Ejemplo de hoja de Excel para el cálculo de dotación de ropa» tenemos que observar que es preciso realizar algunos cambios de manera manual, ya que en algunos casos la fórmula empleada nos da cifras con decimales que es preciso redondear y en otros el resultado matemático no es del todo coherente por tratarse de existencias de poca cantidad.

2.4. Identificación, clasificación y cumplimentación de documentación específica

En los apartados anteriores hemos hecho mención a prácticamente la totalidad de toda la documentación precisa para organizar el departamento de pisos. Muchos de ellos pueden informatizarse.

A continuación, vamos a <u>clasificarlos</u> según su relación con el departamento o área correspondiente:

- HABITACIONES

  1. Informe de la gobernanta.

  2. Hoja de control de habitaciones de la gobernanta. Figura 1.6.

  3. Hoja de estado bloqueos.

  4. Parte diario de la camarera u hoja de control de habitaciones de la camarera.

  5. Impreso de cambio de habitaciones.

  6. Inventarios de material.

- ZONA NOBLE, INTERNA Y EXTERNA

  1. Hoja de control general de revisión de zonas. Figura 1.17.

  2. Hoja de control de estado de zonas. Figura 1.18.

  3. Parte diario de trabajo de zona. Figuras 1.8. y 1.9.

- SALONES

  1. Hoja de servicio.

  2. *Planning* de salones.

- LAVANDERÍA-LENCERÍA

  1. Impreso cambio de ropa. Entregado en lavandería. Recibido de lencería.

  2. Hoja de liquidación diaria de ropa de clientes.

  3. Hoja de control de bajas de ropa.

  4. Inventarios de ropa.

- SERVICIO TÉCNICO

  1. Impreso u orden de reparación o parte de averías.

- ECONOMATO-ALMACÉN

  1. Hoja de pedido de compra.

  2. Hoja de suministro interno.

  3. Inventarios de productos.

4. Hoja de control de consumos.

- CLIENTES

    1. Parte, libro y etiqueta de objetos olvidados. Figuras 1.13, 1.14 y 1.15.

    2. Impreso o nota de lavandería.

- PERSONAL

    1. *Planning* de vacaciones, descansos y libranzas.

    2. Parte de asistencia al trabajo.

    3. Pase ce salida.

2.5. Especifidades de entidades no hoteleras

Las técnicas empleadas en entidades no hoteleras son muy similares a las hoteleras.

Los programas de gestión son distintos, ya que la relación con el cliente va encaminada hacia otros servicios.

La gobernanta debe conocer el programa de gestión interno y manejar el *software* de oficina que mayores ventajas le reporten.

La documentación específica es muy similar a la de los establecimientos hoteleros descartando algunos documentos relacionados con los clientes y añadiendo otros relacionados con el control de alimentos.

ACTIVIDADES

2.1. Según se presenta en el ejemplo del apartado 2.3., elabora en una hoja Excel el control de libranzas, festivos, vacaciones y turnos de todo el año de las camareras número uno y dos, conforme a los datos del supuesto anterior.

3. Planificación del espacio en función de maquinaria y equipos del área de pisos. Zonas comunes, lavandería y lencería

Contenidos

En capítulos anteriores hemos hablado de la organización del espacio en áreas y dependencias de pisos y zonas comunes haciendo mención a la maquinaria y equipos en la estimación de materiales.

Nos quedaría por desarrollar el departamento de lavandería-lencería que siempre tiene una distribución lógica para separar la zona de lavandería (tratado de ropa sucia) de la de lencería (tratado de ropa limpia). El tamaño, maquinaria y equipos dependerán de los tratamientos que se realicen en el establecimiento y del volumen de prendas que se vayan a tratar.

En general, una lavandería-lencería completa precisa de las siguientes zonas, maquinaria y equipos:

- LAVANDERÍA

    1. Zona de recepción de ropa sucia del establecimiento:

       Pesebres, carros con ruedas y básculas.

    2. Zona de lavado y secado:

       Lavadoras industriales (de 10, 13, 18 o 25 kg), centrifugadoras (de 9 o 15 kg), carros con ruedas y secadoras (de baja o alta capacidad).

    3. Zona de plancha de ropa lisa:

       Calandras o rodillos.

    4. Zona de plegado de ropa lisa:

       Mesas y estanterías con ruedas.

    5. Zona de plancha de ropa cerrada:

       Equipos de planchado industrial (planchas y mesas). Mesas de plegado y percheros.

- LENCERÍA

    6. Zona de reparación de ropa (costura o zurcido):

       Máquinas de coser y estanterías.

    7. Zona de almacén de ropa limpia en uso.

       Estanterías o armarios.

8. Zona de recepción de ropa sucia, lavado y planchado de clientes:

   Cestos, marcadora de ropa, lavadoras de pequeño tamaño (unos 7 kg) programables al peso de lavado, pilas de lavado a mano, secadora, planchas manuales, mesas de plegado y empaquetado, estanterías, percheros y ordenador.

Además, junto a la lavandería-lencería que estará próxima al montacargas, tendremos un *office* de productos de lavado y limpieza y un almacén de ropa de reserva.

3.1. Clasificación y medidas básicas de maquinaria y equipos

Hasta el momento hemos mencionado prácticamente toda la maquinaria y equipos que tienen que ser controlados por la gobernanta.

Para hacer una clasificación general podríamos hacerlo dependiendo de:

1. El uso:

   a) Habitual: aspiradora y productos y útiles de limpieza.

   b) Ocasional: limpiadora de vapor, rotativa, barredora-fregadora, etcétera.

2. Su movilidad:

   a) Transportable: aspiradora, inyección-extracción, ozonizador, carros, etcétera.

   b) No transportable: maquinaria de lavandería y sistema de aspirado centralizado.

No procede extenderse en este punto por haber sido tratado en unidades anteriores.

- Para su repaso, se propone realizar una clasificación por áreas elaborando un listado de manera personalizada.

3.2. Ubicación y distribución en planta de maquinaria y equipos

La maquinaria y equipos en planta se ubican en los *offices* o cuartos destinados para tal fin. El *office* de planta es un recinto cerrado situado en cada planta de habitaciones que sirve de apoyo a las operaciones de limpieza que se realizan en el área. En él se guarda el material, herramientas, maquinaria y complementos precisos para la preparación de habitaciones.

El *office* de planta se suele situar próximo a la escalera de servicio, montacargas y tolva de evacuación de ropa y basura.

La dimensión del *office* depende del número de habitaciones por planta y del sistema de reposición de material y evacuación de ropa sucia y basura establecidos, además de la maquinaria y camas supletorias y cunas que se guarden en él. Un buen *office* en el que se incluye aseo de personal podría tener un tamaño aproximado de unos quince metros cuadrados. Hoy en día se tiende a minimizar su espacio llegando a ocupar en algunos casos unos cinco metros cuadrados, espacio limitado que nos obliga a tener otros pequeños almacenes, a establecer sistemas de reposición de ropa diferentes y aseos de personal fuera de planta.

3.2.1. Instalaciones del *office* de planta

Un *office* completo debe de contar con:

1. Vertedero: especie de pila baja de grandes dimensiones que sirve para evacuar agua sucia y reponer los cubos de fregar con agua limpia. Nunca se evacuará el agua sucia por el inodoro de las habitaciones de clientes ni de los aseos de personal. Además, contará con toma de agua fría y caliente.

2. Fregadero: para lavado de algunos elementos.

3. Lavabo con inodoro para personal.

4. Estanterías y/o armarios. Estarán ordenados y separados según los productos que se coloquen en ellos al menos en tres o cuatro bloques:

   a) Dotación ropa de cama y baño. Guardará un orden preestablecido y estandarizado. La ropa se colocará siempre con los lomos hacia afuera y en bloques de diez unidades bien diferenciadas para facilitar el recuento. Es preciso colocar una relación del *stock* de ropa que explicaremos más adelante, y que las camareras deben de mantener para garantizar el buen servicio y evitar pérdidas de tiempos. En muchos establecimientos que tienen el servicio de ropa externalizado mantienen un *stock* de ropa muy pequeño, ya que algunas empresas se encargan dentro del servicio que prestan de suministrar diariamente un carro ya montado con toda la dotación diaria según necesidades que suplen el *stock* de pisos y el montaje de carro de camarera con ropa limpia.

b) Productos de limpieza. Ubicados conforme a los estándares guardando siempre las normas de seguridad.

c) Utensilios de limpieza. Colocados de manera ordenada en lugares que no interfieran el paso.

d) Dotación de *amenities* (productos de acogida) y papelería. Colocados en cajas debidamente ordenados. Conviene establecer un *stock* mínimo.

5. Tolva o bajante de ropa sucia. De gran utilidad para ahorrar tiempos. No siempre es posible su ubicación.

6. Tolva o bajante de la basura.

7. Teléfono interno de planta.

3.2.2. Dotación del *office* de planta

1. Carro de camarera.

2. Carro plegable de ropa sucia.

3. Jaula de ropa sucia.

4. Camas y cunas plegables.

5. Separadores de basura.

6. Escalera o taburete.

7. Botiquín.

8. Útiles de limpieza:

- Bayetas de baño, cristales y mobiliario.

- Estropajos sanitarios, vasos y WC.

- Cepillo de barrer y de mano.

- Recogedor.

- Cubos de limpieza de varios colores.

- Cubo de fregona y fregona.

- Escobilla de WC.

- Guantes de látex o vinilo.

- Guantes satinados o flocados.

- Limpiacristales manual.

- Rascavidrios.

- Bolsas de basura, higiénica y de papelera.

- Trapos.

- Bolsas de repuesto del aspirador.

9. Productos de limpieza:

- Limpiador general de superficies.

- Limpiador desinfectante.

- Limpiador jabonoso neutro.

- Desincrustante de WC.

- Alcohol.

- Limpiador de moquetas y tapicerías.

- Limpiamuebles.

- Limpiacristales.

- Limpiametales.

- Quitamanchas.

- Ambientador.

- Insecticida.

10. Maquinaria limpieza:

- Aspirador (de 5 a 10 litros volumen bolsa) y boquillas.

- Limpiadora de vapor (*).

- Lavadora de alfombras y tapicerías (*).

- Purificador de aire, ionizador u ozonizador (*).

(*) La maquinaria marcada con asterisco es aconsejable para limpiezas puntuales y será de uso compartido y eventual. Podrá ubicarse en el *office* de limpieza o almacén específico fuera de planta.

11. Productos de acogida (*amenities*):

Hoy en día se tiende a economizar en productos de acogida procurando minimizar las prestaciones por cuestiones ecológicas. Todo va a depender de la categoría del establecimiento y las costumbres. Los productos que se citan a continuación son un listado a modo de ejemplo y orientación. Con el uso de los teléfonos móviles muchos de los productos que se citan (papelería) tienden a desaparecer. Por otro lado, no quiere decir que tengamos que colocar todos los amenities en las habitaciones. Podemos poner los básicos según estándares de procedimientos y disponer de un *stock* en el *office* para posibles peticiones de clientes.

- Carpeta escritorio.
- Papel y sobres escribir (en desuso).
- Bloc de notas.
- Bolígrafos.
- Carta «*Room Service*».
- Cartel «No molestar».
- Directorios.
- Cerillas (solo en habitaciones de fumadores y si está permitido).
- Impreso de consumo de minibar.
- Impreso de ropa de cliente y bolsa.
- Costureros.
- Limpia zapatos.
- Zapatillas de rizo.
- Jabón de tocador.
- Champú.
- Gel de baño.
- Kit dental.
- Kit de afeitado.
- Peine.

- Suavizante para el pelo.
- Kit femenino.
- Etcétera.

12. Complementos:

- Servilletas de celulosa.
- Papel WC.
- Ceniceros.
- Perchas de varias clases.
- Abrebotellas.
- Posavasos.
- Vasos de baño.
- Vasos de minibar.
- Tijeras.
- Manta o nórdico de repuesto (según espacio).
- Colchas de día de repuesto (según espacio)
- Almohadas de repuesto.

13. Impresos de la camarera (si no se encuentran informatizados):

1. Vales de cambio de ropa de pisos.
2. Hoja de control de habitaciones.
3. Impreso de objetos olvidados.
4. Parte de averías.
5. Vales de petición de material.

14. Dotación de ropa de cama y baño:

A continuación citaremos un ejemplo de *stock* de dotación de ropa de cama y baño partiendo del número de plazas y camas de un establecimiento hotelero. Tendremos en cuenta además el tamaño y dimensiones de los distintos tipos de cama. La cantidad expresada puede variar según:

1. El porcentaje de ocupación media. Para algunas prendas cuyo coste es elevado o no se cambian a diario, podemos reducir el *stock* basándonos en la ocupación media ahorrando espacio y costes.

2. El procedimiento establecido en el suministro o reposición de ropa (1 o 2 veces durante la jornada). Si el suministro de ropa de lencería a pisos se hace una sola vez al día, tendremos que contar con mayor dotación para evitar pérdidas de tiempo por falta de dotación.

3. El procedimiento establecido en el cambio diario de ropa. Un cambio diario de toda la ropa nos obliga a contar con mayor dotación. Hoy en día la mayoría de establecimientos cuentan con programas ecológicos donde los clientes son los que ordenan si desean que se les cambie o no la ropa. Sin embargo, no podemos predecir lo que va a ocurrir sin arriesgarnos a mermar la dotación. Siempre vamos a procurar tener una dotación adecuada que no nos haga perder tiempo esperando a recibir ropa o no poder terminar una habitación por lo mismo. Lo que ahorramos en costes de almacenaje de ropa lo perdemos en tiempo efectivo de trabajo del personal.

- *Ejemplo cálculo de* stock *de ropa de cama y baño en* office *de planta para un hotel de ciudad de alta categoría.* Cada planta del establecimiento cuenta con nueve habitaciones de las cuales siete son dobles, una individual y una de matrimonio. El cambio de ropa de cama y baño es diario. La ocupación media se estima en un 80 %.

Total habitaciones: 9. Total plazas: 17.

Cuadro 3. 1. Ejemplo de *stock* de ropa de cama y baño en *office* de planta.

Estándar a aplicar	Tipo ropa cama y baño	Total unidades
1 por plaza	Alfombrín pie cama	17 alfombrines pie cama
	Funda de almohada	15 fundas almohada de cama individual 2 fundas almohada de cama matrimonio

Estándar a aplicar	Tipo ropa cama y baño	Total unidades
1 por plaza	Funda cuadrante Toalla baño Toalla manos Toalla bidé Toalla fina o maquillaje	17 de cada clase
1 por habitación/baño Si la habitación cuenta con baño y ducha, se calcularán dos unidades por habitación.	Alfombrín de baño	9 alfombrines de baño
1 por cama	Sábana individual bajera Sábana individual encimera	15 sábanas bajeras individuales 15 sábanas encimeras individuales 1 juego de sábanas de matrimonio
	Colchas de noche	15 colchas individuales 1 colcha de matrimonio
De 10 a 20 % según piezas	Forro almohada	4 forros de almohada individuales y 1 de matrimonio
	Forro cuadrante	4 forros de cuadrante
De 1/3 a 1/2 según camas	Protector de colchón	6 protectores individuales 1 protector de matrimonio
1 por plaza ocupada o según ocupación media	Albornoz talla G Albornoz talla M	7 albornoces talla G 7 albornoces talla M
	Juego de cuna	2 juegos completos de cuna

3.2.3. El carro de la camarera de pisos

Permite al personal desplazarse en su lugar de trabajo llevando consigo todo el material necesario para la limpieza, evitando desplazamientos inútiles y pérdidas de tiempo.

Existe gran diversidad de carros; para su elección tendremos en cuenta el ancho y forma de los pasillos, el tipo de suelo y la cantidad de habitaciones por planta o camarera. Lo ideal es que no sea demasiado alto, que tenga 2 o 4 ruedas giratorias y que disponga de parachoques y empuñadura. Podemos encontrar modelos con tapa superior muy útiles para evitar sustracciones. Dependiendo del volumen de material que tengamos que desplazar, es posible que tengamos que auxiliarnos de algún carro más de ropa sucia o limpia, o de productos y útiles de limpieza.

Normas generales:

1. Mantener siempre limpio y ordenado. Está a la vista de clientes.

2. Colocar lo de mayor peso y uso en la parte alta.

3. No mezclar ropa sucia con limpia.

4. Evitar derrames que puedan dañar la ropa limpia y dotaciones.

5. Cuidado en su manejo evitando dañar puertas y paredes.

Distribución:

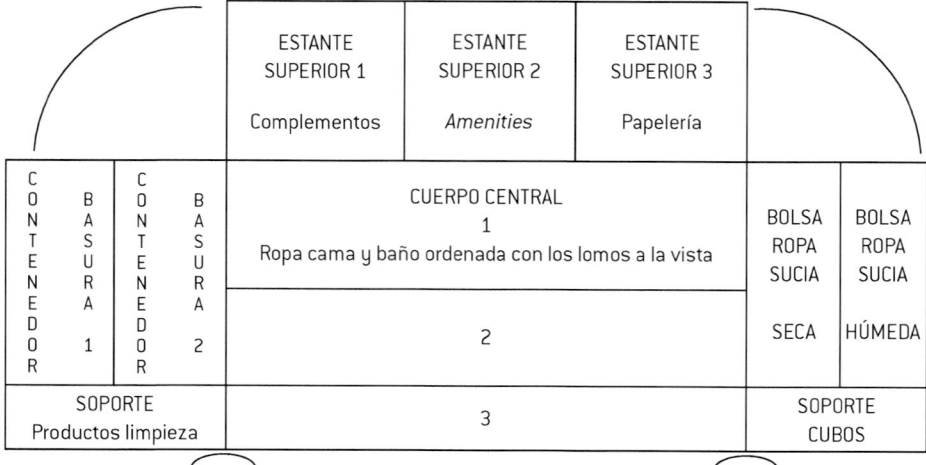

Figura 3.1. Distribución del carro de camarera.

3.3. Especifidades de entidades no hoteleras

La planificación del espacio de las entidades no hoteleras, así como la distribución y ubicación de maquinarias, es muy similar a las hoteleras. Los *offices* de planta de los hospitales suelen ser más pequeños que los de los hoteles; sin embargo, cuentan con más cuartos para separar y clasificar el material y los residuos. La maquinaria empleada en grandes entidades es de mayor tamaño y capacidad.

ACTIVIDADES

3.1. Elabore un plano de una lavandería-lencería teniendo en cuenta las zonas, maquinaria y equipos que se exponen en la Unidad 3. Para la distribución de zonas, estimar los flujos de circulación de la ropa de manera coherente.

4. Aprovisionamiento, control e inventario de existencias en el departamento de pisos

Contenidos

Es responsabilidad de la gobernanta la de dirigir, supervisar y controlar las compras y existencias de ropa blanca, productos de mantenimiento y limpieza.

El aprovisionamiento tiene la función de asegurarnos todo el material que nos es preciso para prestar el servicio correctamente.

Toda tarea de <u>aprovisionamiento</u> consta de una serie de fases en secuencia:

1. Previsión de existencias, es decir, cálculo de la totalidad necesaria para prestar el servicio según tipología del establecimiento.

2. Planificar adquisiciones según los medios con los que contamos.

3. Contratar según procedimientos de compra y almacén establecidos.

4. Petición de existencias.

5. Recepción de mercancías: revisando la mercancía y aplicando los controles de calidad.

6. Almacenado.

7. Gestión de *stocks*.

Dependiendo de la dimensión del establecimiento y de su organización, será la propia gobernanta la que se encargue de la selección, compra, almacenamiento, distribución y rendimiento del material necesario para prestar el servicio a su cargo o correrá a cargo del jefe de compras, en cuyo caso la gobernanta se encargará de proponer la compra de los productos y del control de estos, así como de su rendimiento.

4.1. Análisis de la dotación característica del departamento de pisos

Para el correcto funcionamiento del departamento de pisos es imprescindible contar con diversas existencias que además deberán reponerse continuamente.

<u>La dotación de pisos</u> supone el inventario de todo aquello que necesita el departamento para realizar su trabajo de manera óptima. Para analizar las necesidades lo primero que debemos hacer es una clasificación de estas:

1. Ropa de cama o lencería.

   a) De cambio frecuente.

   b) De cambio eventual.

2. Ropa de baño o toallas.

3. Productos de acogida o *amenities* y papelería.

4. Productos de limpieza.

5. Útiles de limpieza.

6. Maquinaria de limpieza.

7. Otros.

4.2. Métodos utilizados para identificar necesidades de aprovisionamiento y fuentes de suministro, efectuar solicitudes de compra y desarrollar procesos de recepción y control de materiales y atenciones a clientes: análisis y aplicación

Para realizar el cálculo de <u>necesidades de aprovisionamiento,</u> comenzaremos hablando según la clasificación que hemos expuesto.

Centrándonos en la *ropa de habitaciones de cambio frecuente*, la dotación total dependerá de numerosos factores que se deben tener en cuenta:

1. Tipo de establecimiento (hotel, apartamento, etc.), categoría y ubicación (ciudad o vacacional.)

2. Número total y tipología de habitaciones y camas. Número total de plazas. Ocupación media. Camas supletorias y cunas disponibles.

3. Frecuencia de cambio de ropa.

   Según se extrae de las «Normas de Calidad para Hoteles y Apartamentos» del Instituto para la Calidad Turística Española (ICTE), publicadas en 2001, la frecuencia mínima de cambio de ropa de habitaciones dependerá de la categoría del establecimiento como se muestra a continuación:

	Categoría	Cambio ropa
Hotel y apartahotel	5 estrellas.	Diario.
	4 estrellas.	C- Diario. V- Días alternos.
	3, 2, 1 estrellas.	C- Días alternos. V- Cada tres días de uso.
Apartamentos	Todas las categorías.	Cada tres días de uso.

C- (Hotel Ciudad), V- (Hotel Vacacional).

4. Calidad de la lencería y tipología.

Cuadro 4.1. Composición, tamaño mínimo del juego de toallas y calidad de las mismas según «Normas de Calidad para Hoteles y Apartamentos» del ICTE.

CATEGORÍA	Tipología	Tamaño	Calidad
Hoteles de 5 estrellas	Toalla manos. Toalla ducha. Toalla bidé. Alfombrilla ducha. Albornoz o kimono.	Toalla manos (50 cm × 100 cm). Toalla ducha (100 cm × 150 cm).	100 % algodón Toalla manos : Peso 470g/m^2 Toalla ducha: Peso 520g/m^2
Hoteles de 4 estrellas	Toalla manos. Toalla ducha. Toalla bidé. Alfombrilla ducha.	Toalla manos (50 cm × 100 cm). Toalla ducha (80 cm × 140 cm).	100 % algodón Toalla manos: Peso 470g/m^2. Toalla ducha: Peso 520g/m^2
Hoteles de 3, 2 y 1 estrella, apartamentos de 3, 2 y 1 llave	Toalla manos. Toalla ducha. Toalla bidé. Alfombrilla ducha.	Toalla manos (45 cm × 90 cm). Toalla ducha (70 cm × 140 cm).	100 % algodón. Toalla manos: Peso 300g/m^2. Toalla ducha: Peso 450g/m^2.

5. Si disponemos de lavandería propia o externa.

6. Procedimientos de reposición. Políticas de compra y almacén, etcétera.

El ICTE recomienda que el número mínimo de *juegos de lencería* (sábana bajera, sábana encimera y funda de almohada) *por plaza* sea el siguiente:

	Categoría	Estándar Vacacional	Estándar Ciudad
Hotel y apartahotel	5 estrellas.	4 juegos.	4 juegos.
	4 estrellas.	3 y ½ juegos.	4 juegos.
	3 / 2 / 1 estrellas.	2 y ½ juegos.	3 y ½ juegos.
Apartamentos	Todas las categorías.	2 y ½ juegos.	2 y ½ juegos.

Número mínimo de juegos de toallas *por plaza* según categoría. ICTE.

	Categoría	Estándar
Hotel y apartahotel	5 estrellas.	4 y ½ juegos.
	4 estrellas.	4 juegos.
	3 estrellas.	3 y ½ juegos.
	2 y 1 estrellas.	3 juegos.
Apartamentos	Todas las categorías.	3 juegos.

En cuanto a la ropa de habitaciones de *cambio eventual,* la dotación dependerá de las veces que se tiene previsto el cambio, del espacio del que disponemos para su almacenamiento y del coste de esta. Es muy importante realizar bien los cálculos para no quedarnos cortos por un lado y, por otro, no hacer una gran inversión innecesaria.

- En el ejemplo que exponemos a continuación podemos analizar el cálculo de la dotación total de un establecimiento hotelero y su distribución en los diferentes *stocks*.

Hotel 5 *	Hab I	Hab D	Hab MQ	Total Habitac	Camas100	Camas150	Plazas
Totales	10	70	10	90	150	10	170
Plantas (10)	1	7	1	9	15	1	17
ROPA				STOCK	STOCK	STOCK	
CAMA	ESTÁNDAR	TOTAL	PUESTA	Office x 10	LAV-LEN	ALMACÉN	
Cubre100	1,5XCAMA	225	150	50	15	10	
Cubre150	1,5XCAMA	22	10	10	1	1	
ForroA100	1,5XCAMA	225	150	50	15	10	
ForroA0,75	1,5XCAMA	44	20	20	2	2	
ForroCuadran	1,5xplaza	255	170	60	16	10	
FundaA100	4xplaza	600	150	150	150	150	
Funda A075	4xplaza	80	20	20	20	20	
Funda Cuadra	4xplaza	680	170	170	170	170	
SB100	4xcama	600	150	150	150	150	
SB150	4xC	40	10	10	10	10	
SE100	4xC	600	150	150	150	150	
SE150	4xC	40	10	10	10	10	
CN100	4 x cama	600	150	150	150	150	
CN150	4x cama	40	10	10	10	10	
CD100	1,10xcama	180	150	20	10	0	
CD150	1,10xcama	21	10	10	1	0	
MANTA100	2,10xcama	330	300	20	10	0	
MANTA150	"	31	20	10	1	0	
ALFPC	4xplaza	680	170	170	170	170	
BAÑO							
ALFB	4,5xhab	405	90	90	100	125	
TBA	4,5xplaza	764	170	170	212	212	
TM	"	764	170	170	212	212	
TBI	"	764	170	170	212	212	
TMAQ	"	764	170	170	212	212	
ALBORNOZG	4xplaza	340	90	90	80	80	
ALBORNOZM	"	340	80	80	90	90	

Figura 4.1. Ejemplo de hoja de Excel para el cálculo de dotación de ropa.

La dotación de útiles y maquinaria se realizará conforme al listado de necesidades. No revierte mayor dificultad, ya que no es preciso reponer con tanta frecuencia como el resto del material de limpieza. La dificultad radica en conocer la vida útil de cada uno de ellos.

Los productos de limpieza se calcularán conforme a necesidades y consumo estimado. Dependerá de la periodicidad en el sistema de compras y suministro interno calculando los *stocks* mínimos y máximos.

El resto de dotaciones se calcularán conforme al número de habitaciones y los servicios que se prestan.

De todo lo expuesto podemos elaborar un listado partiendo de lo que hemos explicado en el apartado de *office* de pisos.

Una vez calculada la dotación, pasamos al proceso de compras. Dicho proceso depende del sistema de organización interna del establecimiento.

En establecimientos grandes existe la figura del jefe de economato y los productos se depositan en grandes almacenes que se encargan de suministrar a todos los departamentos. En cualquier caso, la gobernanta tendrá que realizar el pedido, o bien directamente siempre con el visto bueno de su superior inmediato, o a través del responsable del economato o jefe de compras rellenando la hoja de «solicitud de compra» que suele llevar los siguientes datos: Nº código o referencia, artículo, unidades, cantidad solicitada, precio unitario, importe total y proveedor.

El proceso de recepción y control se realizará conforme a lo pactado con el proveedor. En grandes establecimientos esta tarea la llevará a cabo el personal del departamento del economato. Es muy importante chequear el albarán de entrega para cotejar las cantidades y productos recibidos conforme a los estándares de calidad y a lo que hemos solicitado.

4.3. Sistemas y procesos de almacenamiento, distribución interna, mantenimiento y reposición de existencias: análisis y aplicación

Una vez realizada la recepción y control de los productos pasaremos al almacenamiento. La organización del almacén o almacenes depende de los criterios que apliquemos, pero siempre tendremos en cuenta la accesibilidad, la distribución conforme a las necesidades, los flujos de entrada y salida de materiales, las normas sanitarias y de prevención de riesgos, el volumen, la caducidad, etcétera.

El departamento de pisos requiere gran cantidad de almacenes distribuidos por todas las áreas. Citaremos los más comunes a modo de ejemplo:

- De mobiliario: camas, cunas, muebles auxiliares.

- De objetos olvidados.

- De útiles y productos de limpieza.

- De maquinaria de limpieza.

- De productos de acogida y complementos, si no se tienen en el *office.*

- De bebidas, si el departamento de pisos gestiona la reposición de mini-bares.

- De ropa en reserva.

- De objetos de decoración y complementos varios.

- *Offices* de pisos, áreas y lavandería-lencería.

- De material en desuso.

La distribución interna de las existencias se realizará mediante *stocks*. Lo primero que hay que hacer para determinar el *stock* es fijar las *cantidades mínimas* que tiene que haber de cada producto en un determinado periodo de tiempo para no perder eficiencia y productividad. Para su cálculo, nos basaremos en el promedio de consumo diario (la cantidad de productos que se han empleado o consumido durante un tiempo determinado con un nivel de ocupación del 100 %) y el tiempo establecido para su reposición. A esto añadiremos un porcentaje de seguridad para cubrir ciertas eventualidades (errores en pedidos, retraso en el suministro, etcétera).

- Ejemplo. Si para la limpieza de una planta determinada se consumen diariamente 3 litros de producto desinfectante y la reposición se efectúa una vez por semana. ¿Cuál sería el *stock* mínimo de *office* de pisos de dicho producto?

  Stock mínimo = $3 \times 7 = 21 + (21 \times 0,10) = 23,10 = 24$ litros.

Lo segundo es establecer las *cantidades máximas* que dependerán de:

1. Coste de los productos. Almacenar productos cuyo coste es alto supone hacer una gran inversión que en la mayoría de los casos es inviable.

2. El espacio disponible en almacén. Lo ideal es contar con grandes almacenes u *offices,* pero el aprovechamiento de espacios tiende a reducir la

capacidad de estos para dotar mayor volumen a otras dependencias que producen ingresos para el establecimiento.

3. Caducidad de los productos. En ocasiones surgen ofertas de compra que no interesan por tratarse de productos con una caducidad corta.

Por último, fijaremos unos <u>intervalos de reposición</u> (semanal, quincenal, mensual, etc.). Lo normal es hacerlo semanalmente fijando un día concreto, ya que es más fácil de establecer y controlar, puesto que el volumen depende del trabajo realizado o que hay que realizar, como por ejemplo número de habitaciones y áreas que se tienen que limpiar.

Para establecer un sistema claro de almacenamiento y reposición es importante fijar los flujos de productos. Existe una relación directa entre existencias y flujos. Las existencias son las cantidades de productos o materias primas con las que contamos y el flujo es volumen de entradas y salidas de estos. El flujo de materias primas y de ropa y lencería es muy similar. Las salidas siempre se controlarán mediante los vales de pedido y las entradas mediante los albaranes.

Consideraremos como *materias primas* a los útiles y material de limpieza y dotaciones de habitaciones (papelería y *amenities*). El flujo es bastante sencillo como se muestra en el diagrama siguiente:

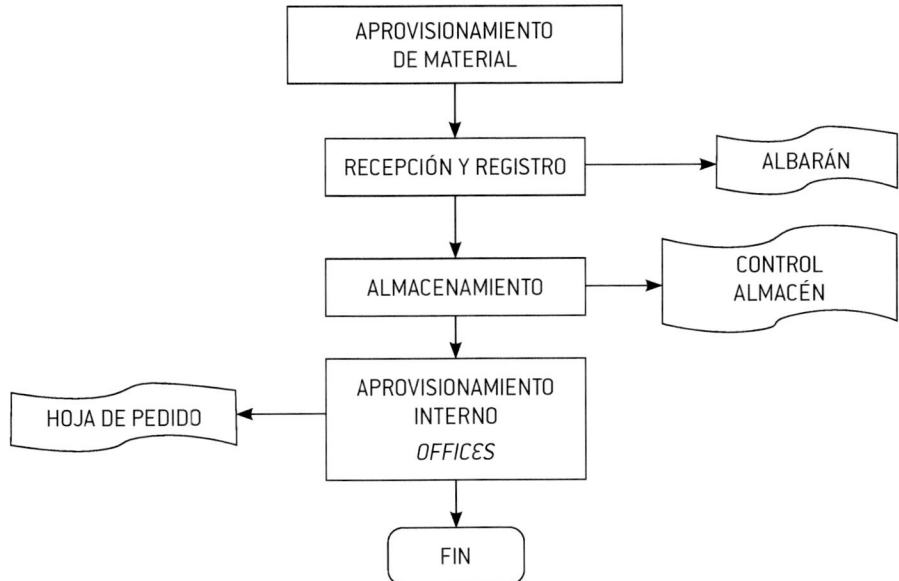

Figura 4.2. Flujo de materias primas.

En el caso de *ropa y lencería* tenemos que diferenciar, por un lado, entre ropa de habitaciones de clientes, ropa de sala, de cocina y uniformes. Y, además, dentro de cada clasificación, diferenciaremos ropa de cambio frecuente o diario y ropa de cambio eventual.

Ateniéndonos a lo expuesto, el flujo de ropa de habitaciones sería el siguiente:

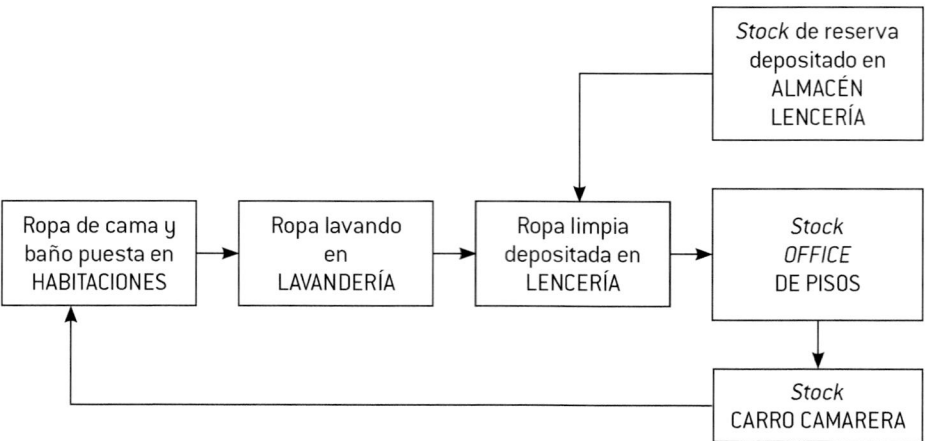

Figura 4.3. Flujo de ropa de habitaciones.

El flujo de *ropa de sala* es muy similar al de habitaciones con pequeñas variaciones, como por ejemplo que la ropa que usan los camareros para limpiar y dar el servicio (litos, paños y rejillas) pasan del *office* a la lavandería y que hay que tener un pequeño *stock* en el aparador de la sala que sustituye las funciones del carro de camarera en pisos.

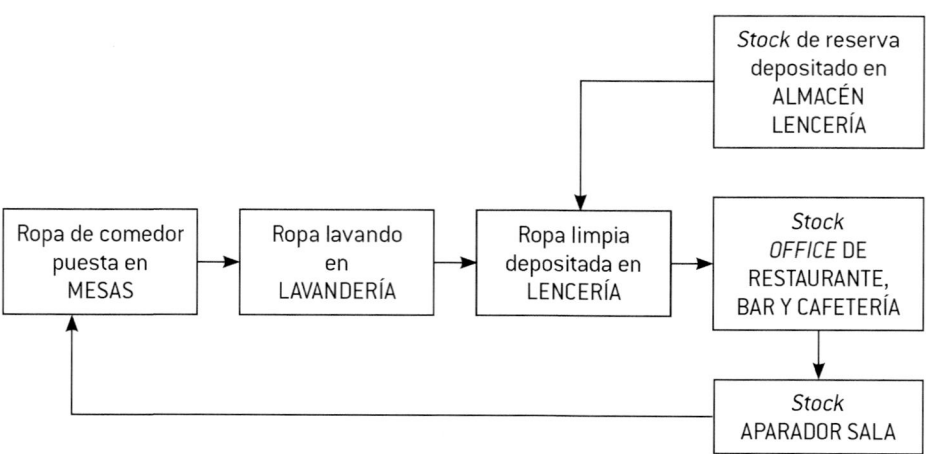

Figura 4.4. Flujo de ropa de sala.

4.4. Elaboración de inventarios y control de existencias

El inventario es la relación detallada, ordenada y valorada de todos los elementos que componen el patrimonio de una empresa. En el caso del departamento de pisos la gobernanta se hará cargo de inventariar todos los elementos que están a su cargo.

Existen diversas clases de inventarios.

- Inicial: es el que se realiza a la apertura del establecimiento.

- Final o anual: es el que coincide con el cierre del periodo fiscal (finales de diciembre).

- Periódico: se realiza según controles establecidos, mensual, trimestral, etcétera.

- Por causas extraordinarias: cambio de propiedad del establecimiento o de encargado general.

En el capítulo «control de empleo de materiales y productos» hemos desarrollado el sistema de elaboración de inventarios y el proceso de control de los materiales, por lo que no vamos a extendernos más en este punto.

Por último tenemos que hablar de los criterios para valorar las existencias. Los métodos más conocidos son: FIFO, LIFO, HIFO y precio medio ponderado. El sistema que empleamos dependerá del tipo de producto y de la variación en su precio. No procede desarrollar los métodos por tratarse de conceptos analizados en unidades de gestión.

4.5. Especificidades en entidades no hoteleras

El aprovisionamiento, control e inventario de existencias en entidades no hoteleras es muy similar a las hoteleras con la peculiaridad de que precisan menos dotación de ropa, excepto los hospitales, y apenas existen productos de acogida.

En establecimientos donde la gobernanta se haga cargo de la supervisión de la cocina existirán mecanismos de control conformes a la normativa existente en cuanto a la recepción de géneros, almacenamiento y conservación.

ACTIVIDADES

4.1. Elabora el cálculo total de ropa y su distribución en *office*, lavandería-lencería y almacén según el siguiente supuesto. Si lo deseas, además, puedes elaborar un presupuesto.

Hotel de ciudad de cuatro estrellas. Cambio de ropa diario. Lavandería integral. Cuenta con 10 plantas. En cada planta existen 2 habitaciones individuales, 6 dobles y 2 matrimoniales (cama de 1,35 × 1,90). No se ofrecen cunas ni camas supletorias. Ocupación media del 85 %. Las camas se visten con edredón, funda de edredón y plaid. El juego de toallas lleva además albornoz.

4.2. Calcula el *stock* mínimo que es preciso tener en el *office* de pisos de los productos cuyo consumo semanal por planta se exponen a continuación. La reposición se efectúa cada dos semanas.

- Detergente limpiador baños: 5 litros.

- Limpiador mopas: 3 botes de un litro.

- Limpiador multiusos: 1 bote de 250 c.c.

5. El mantenimiento de las instalaciones, mobiliario y equipos en el departamento de pisos

Contenidos

5.1. El departamento de mantenimiento: objetivos, funciones y relaciones con el área de pisos

El departamento de mantenimiento o también llamado servicio técnico se encargará de los servicios de conservación y mantenimiento de maquinaria e instalaciones, trabajos adicionales de la actividad principal, reparaciones de útiles y elementos de trabajo, conservación de zonas e inmuebles.

La organización del departamento depende del volumen de trabajo. En establecimientos muy grandes existe la especialización y nos podemos encontrar albañiles, carpinteros, electricistas, fontaneros, calefactores y mecánicos. En establecimientos pequeños la organización será de tipo lineal.

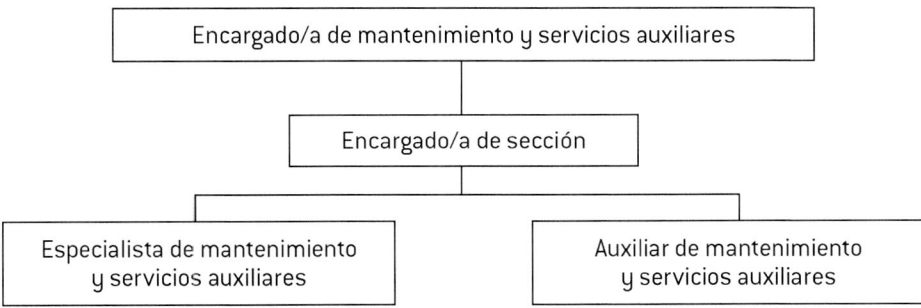

Figura 5.1. Organigrama lineal del departamento de mantenimiento.

Podríamos considerar el departamento de mantenimiento como el segundo en importancia para la gobernanta. La buena relación entre ambos departamentos es fundamental para la conservación de las instalaciones y el buen estado de las habitaciones e instalaciones que disfrutan los clientes. Su relación se basa en los siguientes puntos:

1. Reparación de averías puntuales que surgen a diario detectadas a través del personal de pisos o de cualquier otro departamento, o por el cliente. Se comunicarán y repararán lo antes posible. La gobernanta llevará un control de los servicios realizados para proceder a la posterior limpieza y puesta a punto. El sistema de comunicación puede estar informatizado según la capacidad del establecimiento.

2. Trabajos de mantenimiento. La gobernanta en coordinación con el jefe de mantenimiento y recepción organizará debidamente el bloqueo de habitaciones o zonas para realizar los trabajos pertinentes y su posterior limpieza y puesta a punto.

3. Cuidado y mantenimiento de maquinaria y útiles de limpieza. El departamento de mantenimiento reparará las averías que estén dentro de su capacidad técnica. Algunas reparaciones o mantenimientos contarán con un servicio técnico externo especializado.

4. Plan de emergencia. La gobernanta velará por que todo su personal conozca debidamente el plan de emergencia.

5. Plan de mantenimiento preventivo. El jefe de mantenimiento informará a la gobernanta y esta al personal de su departamento de las medidas preventivas en el uso de maquinaria y útiles de limpieza.

6. Plan de desinfección, desinsectación y desratización. La gobernanta coordinará junto con el jefe de mantenimiento los planes establecidos.

5.2. Competencias del departamento de pisos, áreas públicas, lavandería y lencería en materia de mantenimiento de instalaciones, equipos y mobiliario

Es competencia de la gobernanta:

1. Desarrollar el programa de conservación de todo el material a su cargo incluidas las instalaciones, la maquinaria y el mobiliario.

2. Elaborar y transmitir los partes de averías al departamento de servicio técnico y realizar el seguimiento de las tareas realizadas.

3. Dar a conocer el plan de emergencia y el de mantenimiento preventivo a su personal.

4. Dar a conocer a su personal las medidas para proteger el medio ambiente llevadas a cabo por el establecimiento.

5. Conocer la situación de fusibles, interruptores generales y llaves de paso de agua de la habitación, *office* y plantas.

5.3. Tipos de mantenimiento: preventivo, correctivo y mixto

El mantenimiento es el conjunto de revisiones o reparaciones que se llevan a cabo sobre el inmueble, las instalaciones, el mobiliario y la maquinaria para mantenerlos en condiciones óptimas de uso y funcionamiento. Existen tres tipos de mantenimiento:

CLASES DE MANTENIMIENTO	TRABAJO QUE REALIZAR	CUÁNDO	EL QUÉ
PREVENTIVO	Verificar el estado y funcionamiento.	Periódico.	Inmueble e instalaciones.
CORRECTIVO	Reparar averías o sustituir elementos.	Eventual.	Inmueble, instalaciones, maquinaria y mobiliario.
MIXTO	Reparar averías o sustituir elementos no verificados correctamente.	Eventual.	Inmueble e instalaciones.

- Ejemplos de mantenimiento preventivo:

  a) Revisiones técnico-legales: protección contra incendios, torres de enfriamiento y equipos de humectación, grupos electrógenos, pararrayos, etcétera.

  b) Revisiones no sujetas a reglamento: cuadros generales AT y BT, grupo de presión de agua (edificio), cocina, WC públicos, alumbrado, filtros etcétera.

El mantenimiento correctivo suele suponer el 70 % de las actividades realizadas por el departamento.

5.4. El establecimiento de alojamiento y su mantenimiento

5.4.1. El inmueble

En él debemos mantener y vigilar:

La fachada: es la imagen del establecimiento. Vigilaremos la posible aparición de grietas y desprendimientos de voladizos, enfoscados, etc. Se cuidará el estado de la pintura.

Terrazas: el gran problema de las terrazas son las goteras que pueden producir. Controlaremos el estado de la tela asfáltica y del solado, y la limpieza periódica de sumideros. Se vigilará el buen estado de las barandillas.

Suelos: son el elemento que más deterioro sufre sobre todo en zonas de mucho tránsito de personas y por aquellas por donde pasa el personal con carros de trabajo. Se repararán lo antes posible los pequeños deterioros para evitar mayores daños. En ocasiones es necesario el cambio de pavimento, lo que supone bloquear ciertas zonas.

Techos: se controlará su estado, sobre todo en falsos techos por posibles desprendimientos causados normalmente por humedades. Las incidencias más comunes son las derivadas de posibles grietas y humedades.

Paredes: vigilaremos la aparición de grietas por causas derivadas del asentamiento del edificio o por dilataciones producidas por cambios de temperatura. Las paredes, al igual que el suelo, suelen sufrir bastantes roces, en especial en aquellas zonas donde transitan personas con carros, maletas, etcétera.

Carpintería: en este grupo se incluyen puertas, ventanas, marcos, pletinas, etc., tanto en madera como en aluminio u otro material de fabricación. Se controlará además del estado general, el funcionamiento de cierres y aperturas, manivelas, etc. Las puertas suelen sufrir roces producidos por el traslado de camas o cunas. Si se produjese algún desperfecto, es necesario repararlo de inmediato por la imagen que infunden en el estado de las instalaciones.

Cristalería: cualquier deterioro, como roturas o aparición de fisuras, requieren la sustitución inmediata por el peligro que suponen para los clientes y el personal.

Salidas de emergencia: verificar su estado es de suma importancia para la seguridad de las personas. El servicio técnico vigilará el buen estado de sus elementos, la correcta señalización y que los accesos no se encuentren bloqueados con bultos o las puertas modificadas con calzos. De todo ello se llevará un control periódico y se procederán a las anotaciones pertinentes.

5.4.2. Las instalaciones

Las instalaciones que se reflejan a continuación se encuentran reguladas por reglamentos nacionales, autonómicos y municipales. Su mantenimiento y reparación serán llevados a cabo por empresas autorizadas por el Ministerio de Industria y Turismo.

De protección contra incendios: su normativa se encuentra regulada por la Norma Básica de Autoprotección, el Código Técnico de Edificación, la Norma Básica de Edificación: Condiciones de protección contra incendios de los edificios, el Reglamento de instalaciones de protección contra incendios y el Reglamento Autonómico y Ordenanzas de prevención de incendios.

Es importante mencionar que los aparatos, equipos y sistemas tienen que ser sometidos a revisiones de conservación específicas de manera periódica según la normativa vigente. Cada vez que se realice una revisión o reparación el técnico autorizado levantará acta y firmará el parte de reparación o el libro de registro de la revisión.

De calefacción, climatización y agua caliente: reguladas por el Reglamento de Instalaciones Térmicas en los edificios (RITE) y sus instrucciones técnicas complementarias (ITE). Además, cada comunidad dictaminará los Organismos de Control Autorizados (OCA) y las Entidades de Inspección y Control Industrial (EICI). En general, lo que se pretende es garantizar la seguridad de las instalaciones, la protección del medio ambiente y el uso racional de la energía.

El departamento técnico se hará cargo de los planos de la instalación, los esquemas de control y seguridad y electricidad, los manuales de instrucciones de cada instalación y el libro de mantenimiento. Las normas de seguridad se colocarán de manera visible en cada aparato, y las revisiones y conservación serán realizadas por empresas autorizadas.

Aparatos de elevación: regulados por la Norma Tecnológica de la Edificación (NTE-ITE), el Reglamento de Aparatos de Elevación y Manutención y los reglamentos que dictamine cada comunidad autónoma.

La revisión y mantenimiento de dichos aparatos serán realizados periódicamente por empresas autorizadas. Existirán una o varias personas encargadas del servicio ordinario con formación adecuada. Al igual que las instalaciones anteriores, existirá un libro de registro de revisiones.

Instalaciones eléctricas: sujetas al Reglamento Electrotécnico de Baja Tensión (REBT), normativa UNE, ordenanzas y normas particulares de las empresas suministradoras de energía.

Se realizarán las revisiones y controles periódicos por empresas autorizadas según normativa. El personal de servicio técnico puede realizar aquellas reparaciones que entren dentro de su capacidad técnica.

Otras instalaciones: existen otras instalaciones no sujetas a reglamento que pueden ser revisadas y reparadas por el personal de mantenimiento, como son la fontanería en general, los equipos de la lavandería, la cocina, etcétera.

5.5. Especifidades en entidades no hoteleras

El mantenimiento de instalaciones y equipos en entidades no hoteleras es idéntico al de las hoteleras.

En el caso de los hospitales hay que añadir el mantenimiento preventivo de la seguridad eléctrica de quirófanos, UCI, reanimación y salas especiales; de los laboratorios, equipos de tratamiento de agua en hemodiálisis, etcétera.

ACTIVIDADES

5.1. Elabore un *planning* periódico de control de estado del inmueble y sus componentes.

6. Gestión de la seguridad en establecimientos de alojamiento

Contenidos

Los establecimientos hoteleros y en especial los de gran volumen son puntos de encuentro por el que transitan gran cantidad de personas que no solo se alojan, sino que hacen uso de las instalaciones complementarias. Es responsabilidad del establecimiento crear los mecanismos necesarios para asegurar la integridad de las personas y sus bienes.

6.1. El servicio de seguridad: equipos e instalaciones

Es conveniente que para el buen funcionamiento de la seguridad exista un departamento específico cuyas actividades están reguladas por el Reglamento de Seguridad Privada.

Por un lado, además de contar con servicios de vigilancia uniformada (vigilantes de seguridad), es conveniente contar con servicios de vigilancia no uniformada (detectives).

En cuanto a las instalaciones y equipos, debemos de contar con:

1. Control de accesos de personal y clientes.

2. Detección y extinción de incendios. Protección contra el fuego.

3. Señalización e iluminación.

4. Sistemas detectores de intrusión en puertas de emergencia y zonas vulnerables, y vigilancia por CCTV.

5. Cajas fuertes en recepción, despachos de dirección y habitaciones.

6. Control de llaves y apertura de puertas.

6.2. Identificación y descripción de los procedimientos e instrumentos para la prevención de contingencias

Para la prevención de contingencias es necesario prever los posibles riesgos y establecer unas normas de seguridad que eviten que estas se produzcan. Dichas normas serán de obligado cumplimiento y puestas en conocimiento de todos los empleados.

Como medidas de prevención de riesgos de incendio y explosión están:

1. La limpieza y el orden.

2. El mantenimiento de equipos e instalaciones.

3. El control de fumadores.

4. Los cortes y soldaduras.

5. Caídas de rayos.

6. Servicios de extinción.

6.3. Descripción y aplicación de normas de protección y prevención de contingencias

Es imprescindible desarrollar normas de actuación que prevengan posibles contingencias. Como medidas de seguridad relacionadas con el departamento de pisos podemos citar las siguientes:

En habitaciones y plantas:

- Cumplir la prohibición de fumar en aquellas zonas donde lo indique. Apagar los cigarrillos y cerillas debidamente en los ceniceros, no tirar al suelo ni a papeleras o contenedores de basura.

- Manipular con precaución los productos abrasivos, inflamables o combustibles evitando su derrame y cumpliendo las normas de riesgos específicos y consejos de prudencia.

- Mantener separadas las zonas de almacenamiento de productos combustibles de otros de tipo abrasivo o cáustico.

- Vigilar que las tulipas no estén en contacto con las bombillas.

- No colocar prendas, tejidos o telas sobre lámparas.

- No sobrecargar las líneas eléctricas. Asegurarse del correcto voltaje de los utensilios eléctricos y no dejar conectados estos después de su uso. Evitar el tendido de cables eléctricos en zonas húmedas.

- Al finalizar el trabajo, comprobar que las llaves de paso e interruptores se encuentran cerrados.

- No usar generadores de calor sobre muebles.

- Mantener siempre ventanas y puertas cerradas una vez finalizado el trabajo.

- No obstaculizar las salidas de emergencia y escaleras con carros, maletas, etcétera.

- Avisar inmediatamente a su superior de cualquier incidencia o avería detectada.

En lavandería-lencería:

- No fumar.

- Evitar humedades en el suelo y el tendido de cables.

- Mantener limpios de celulosa los filtros y salidas de aire.

- Vigilar la instalación eléctrica y el estado de maquinaria.

- Airear la ropa antes de almacenar.

- Evitar el almacenamiento de ropa cerca de zonas peligrosas o junto a materias inflamables.

- Disponer de sistemas de seguridad en planchas.

- No obstaculizar las salidas de emergencia.

- Seguir las normas de seguridad en el empleo de productos de lavado.

6.4. Ordenación de procedimientos para la actuación en casos de emergencia: planes de seguridad y emergencia

Los planes de emergencia son las actividades que hay que realizar en caso de situaciones críticas. Dichas actividades tienen que ser probadas para garantizar la seguridad de las personas y además estarán puestas en conocimiento de todos.

Los planes de seguridad son todas las medidas físicas, electrónicas o de recursos humanos destinados a garantizar la seguridad.

Procedimiento en caso de incendio

1. Aviar a recepción-conserjería indicando: el suceso concreto, la localización de este, la estimación del problema, si hay personas atrapadas o heridas.

2. Hacer uso de los extintores sin ponerse en situación de peligro.

3. En caso de no poder apagar el incendio: cerrar la puerta de acceso al fuego (sin llave), pulsar el timbre de alarma, avisar a clientes y personal de la zona y evacuar la zona.

4. El jefe de emergencia valorará la incidencia y el procedimiento siguiente.

Si el fuego persiste:

1. Avisar a los bomberos.

2. Avisar a los jefes de departamento y responsables.

3. Activar las sirenas de evacuación. Encender todas las luces del edificio, inutilizar los ascensores y dejar las puertas de salida del edificio abiertas.

Procedimiento de seguridad con las llaves

Será responsabilidad de la gobernanta la custodia de todas las llaves de las áreas y dependencias a su cargo.

1. Diariamente se entregará al personal las llaves maestras y de zonas de trabajo. Al final de la jornada el personal devolverá las llaves a su jefe de departamento.

2. La camarera bajo ningún concepto abrirá la puerta a un cliente, aunque parezca conocido.

3. No se entregarán llaves ni abrirán puertas al personal del establecimiento.

4. En caso de encontrarse una llave extraviada, entregar a la gobernanta.

5. Si se encontrara una llave en la puerta, verificar que el cliente se encuentra dentro. De lo contrario, retirar y avisar a la gobernanta.

6.5. Aplicaciones en simulacros de procedimientos de actuación en casos de emergencia

La realización de simulacros para llevar a cabo la implantación de planes de emergencia en establecimientos hoteleros es muy complicada, ya que solicitar la colaboración de los clientes supone interrumpir su descanso. Aun así, hay que establecer las medidas oportunas.

6.6. Justificación de la aplicación de valores éticos en casos de siniestro

El comportamiento de las personas en caso de siniestro es imprevisible tendiendo por norma general a la desorientación y, por tanto, al pánico.

El personal del hotel debe ser consciente de la importancia de su papel para la prevención de contingencias y la actuación en casos de emergencia siendo conocedor de las normas y procedimientos y aplicando estos. Citaremos algunas normas de aplicación de valores éticos:

- Conoceremos las normas de prevención y las aplicaremos sin exclusión alguna.

- Avisaremos de cualquier incidencia que pueda provocar un incidente, aunque creamos que no sea de nuestra competencia o departamento.

- Colaboraremos con responsabilidad en los planes de emergencia y seguridad sin exponerse a riesgos inútiles.

- Colaboraremos en equipo en los trabajos de evacuación, ayudando a las personas discapacitadas, ancianos y niños.

6.7. La seguridad de los clientes y sus pertenencias

Aunque los establecimientos de alta categoría están obligados a ofrecer cajas de seguridad en la recepción y en muchos, ya sean de categoría inferior, ofrecen dichas cajas en las habitaciones, es obligatorio advertir a los clientes al realizar el *check-in* que deben cuidar sus pertenencias y que el establecimiento no se hace responsable.

Aun así, es imprescindible crear unas normas y procedimientos que garanticen la seguridad de los clientes.

Los clientes deben conocer los planos de evacuación que se encuentran en las habitaciones y ser cuidadosos con las llaves y sus pertenencias.

El personal de pisos además tendrá como norma:

1. Todo lo relativo a las llaves que hemos explicado en el punto anterior.

2. Advertir de situaciones o personas extrañas.

3. No tocar las pertenencias de los clientes.

4. Tener cuidado al evacuar basuras de las habitaciones.

5. No tirar nada de la habitación del cliente por mucho que pensemos que no es útil.

6. Entregar los objetos olvidados.

6.8. Especifidades en entidades no hoteleras

La seguridad en entidades no hoteleras debe cumplir con los mismos procedimientos y requisitos que en las hoteleras con el agravante de que los clientes en el caso de hospitales y residencias de ancianos son personas enfermas o con movilidad reducida y en el caso de residencias escolares se puede tratar de menores de edad. Es por ello que las medidas deben extremarse.

Test de autoevaluación n.º 1

Realiza el siguiente test. Rodea con un círculo la respuesta correcta. Solo una es verdadera.

1. ¿Cuál de las siguientes dependencias pertenecen a la zona noble?

   a) Aseos comunes, *hall* y recepción.

   b) Restaurante, bar y cafetería.

   c) Gimnasio y sauna.

   d) Todas las respuestas anteriores son correctas.

2. Según la información que hemos recibido de recepción, la habitación 101 aparece como libre pero la camarera ha anotado en su parte que está «ocupada». Esto significa que es:

   a) Un *sleep.*

   b) Salida tarde.

   c) Salida no efectuada.

   d) Ninguna respuesta es correcta.

3. Se conoce como *floor manager* a:

   a) La gobernanta ejecutiva.

   b) El encargado/a de planta.

   c) Director/a de alojamiento.

   d) Ninguna respuesta es correcta.

4. Una cama *King Size* tiene unas medidas estándar de:

   a) 150 cm de ancho × 200 cm de largo.

   b) 180 cm de ancho × 200 cm de largo.

   c) 200 cm de ancho × 200 cm de largo.

   d) Cualquiera de las tres respuestas es válida.

5. Según el Acuerdo Laboral de ámbito Estatal para el sector de Hostelería en vigor, realizar las labores propias de lavandería y lencería corresponden a la categoría profesional de:

   a) Auxiliar de pisos y limpieza.

   b) Encargada de lavandería y lencería.

   c) La camarera de pisos.

   d) Cualquiera de las categorías mencionadas.

6. En un establecimiento hotelero, ¿cuál de las siguientes habitaciones debería tener preferencia para realizar la limpieza?:

   a) Salida que es entrada prevista.

   b) Cliente con cartel de preferencia.

   c) Depende de la categoría del establecimiento.

   d) Cliente vip.

7. El cambio de habitación de un cliente es ordenado por el departamento de:

   a) Pisos.

   b) Recepción.

   c) Servicio técnico.

   d) Cualquier departamento.

8. Si un cliente ha dejado su ropa sucia en la bolsa de envío a lavandería sin el impreso relleno y firmado, lo primero que debemos hacer es:

a) Marcar cada una de las prendas.

b) Comprobar el estado de la ropa.

c) Preguntar al cliente si realmente es ropa para lavar.

d) Todas las respuestas son válidas.

9. El mantenimiento correctivo y preventivo será llevado a cabo por el personal del servicio técnico del propio establecimiento en los casos de:

a) Instalaciones de protección contra incendios.

b) Aparatos de elevación.

c) Instalaciones de calefacción, climatización y agua caliente.

d) Ninguno de los mencionados.

10. La realización de simulacros para llevar a cabo la implantación de planes de emergencia en establecimientos hoteleros es:

a) Obligatoria.

b) Inviable.

c) Se puede solicitar la exención de obligatoriedad.

d) Ninguna respuesta es correcta.

Test de autoevaluación n.º 2

Realiza la siguiente prueba. Rodea con un círculo la respuesta correcta. Solo una es verdadera.

1. Cuál de estas funciones no corresponde a la camarera de pisos?

   a) Comunicar anomalías en las habitaciones.

   b) Efectuar la reposición de ropa limpia en el *office*.

   c) Entregar y recoger la ropa de los clientes.

   d) Informar a los clientes sobre las habitaciones y su disponibilidad.

2. ¿Qué establecimientos ofrecen a sus clientes alojamiento turístico con carácter temporal en habitaciones de capacidad múltiple dotadas de camas literas de dos alturas?

   a) Los hostales.

   b) Las pensiones.

   c) Las hosterías.

   d) Los apartahoteles.

3. Según el Acuerdo Laboral de ámbito Estatal para el sector de Hostelería en vigor la figura profesional denominada camarero/a de pisos tiene entre otras, la función de:

   a) Servir desayunos en las habitaciones.

   b) Preparar salas para reuniones, convenciones, etcétera.

   c) Realizar las labores propias de lavandería y lencería.

   d) Todas las labores enunciadas son propias de la categoría profesional de camarero/a de pisos.

4. Cuando se almacena y registra un objeto olvidado por un cliente se debe enviar copia del documento o anotar los datos en el libro de registro de objetos olvidados, custodiado por el departamento de:

a) Pisos.

b) Dirección.

c) Recepción.

d) Todos los departamentos mencionados.

5. El bloqueo de una habitación puede ser debido a:

a) Averías, reformas u obras.

b) Limpiezas generales o baja ocupación.

c) Falta de dotación.

d) Todas las respuestas son correctas.

6. Una vez que tengamos todo preparado para realizar la limpieza de una habitación de salida, debemos comenzar por:

a) Hacer el baño.

b) Hacer la cama.

c) Hacer la terraza.

d) Es indiferente.

7. La cobertura o descubierta es un proceso que consiste en:

a) Repasar la habitación y el baño.

b) Abrir la cama.

c) Ambientar la habitación para dormir.

d) Todas las respuestas son correctas.

8. En un cambio de habitación, ¿quién se encarga de transportar los objetos personales de valor del cliente?

    a) La camarera.

    b) El valet.

    c) El jefe de recepción.

    d) La encargada de sección o departamento de pisos.

9. El departamento de pisos mantiene una estrecha relación profesional, por la importancia de tener a punto las habitaciones, con el departamento de:

    a) Restaurante/bar/cafetería.

    b) Servicios complementarios.

    c) Servicio técnico.

    d) Relaciones públicas y calidad.

10. La encargada general o gobernanta deberá coordinar los planes establecidos en cuanto a la desinfección, desinsectación y desratización con:

    a) El jefe de recepción.

    b) El jefe de mantenimiento.

    c) El jefe de seguridad.

    d) Todos los jefes de departamento.